飞檐走壁——中国式跑酷

葛强 著

人民体育出版社

前 言

对于一个专业作家来说，十来万字紧紧手一两个月也就赶出来了，而我却为此笔耕蜗爬了四年。因为写作此书需要真实的功夫、真实的再现，为此，我一边训练，一边写作，一边拍摄，从结稿到出版花了很长时间。想想从迷上此功夫到现在，那时间恐怕就更漫长了，算算应该有近三十个春秋了。

写书的几年里，是我最为投入、最为艰辛的日子，我十分怀念那段往事，因为那是让我最快乐、最充实、最富有创造精神、最富有生活激情的岁月。

书总算要出版了，这不能不说了却了我多年的一个心愿，给自己一个交代，也给许许多多关心我的人一个交代。说实话，这些年将父母及姐姐们折腾得够呛，由于自己所从事的事业的特殊性，他们在经济和精神上都承担了很大的压力，因此背负了对家人深深的愧疚。当然，事有所成也是家人的美好愿望。

本书以阐述飞檐走壁功夫、技艺传授和现实使用为主，为了使传授部分更直观易学，动作的分解图示都采用了记录形式的真实摄影，而这些作品大多出自一位美丽善良的姑娘。假如没有那双热情而富有灵感的纤纤之手，没有那镜头后鼓励的微笑，我不敢相信每一个动作都做得那样舒展、那样轻松。我想说，书中更多的是她的精彩。

这是我三部书中的第一部，即为单人徒手类，主要介绍一个人在不用工具的情况下移身速行。这类功夫虽然轻装便行，但偏于挖掘个人的潜能，且运动爆发力强，速度快，上下落差、前后跨度位移大，加之学习要在各种复杂环境中进行，所以，此功的训练学习有很大的危险性。据此，希望没有组织的民间爱好者不要简单模仿，以免发生不必要的身体损伤。

近些年随着跑酷极限运动传入中国，蹿房越脊的功夫更是被很多人所推崇，中华古老的飞檐走壁功夫在很多现代年轻人眼里更是中国式的跑酷，喜欢习练飞檐走壁的人越来越多，但很多人由于基本功差导致功力上不去，还容易受伤。这部《飞檐走壁——中国式跑酷》在2003年版的基础上新添了新的内

容,除了增加了基本功以外,还根据形势需要对内调的养身功法做了介绍。俗话说得好,"练拳不练功,到老一场空"。

飞檐走壁功夫不但在公安特警、武警部队、军队、消防等工作中被广泛运用,在影视表演中也被广泛采用,极具实用和观赏价值。为了更好地保护和传承这项古老而实用的中华绝技,2006年在万通地产董事局主席冯仑和红太阳集团董事长冯玉良的资助下,在北京成立了"乐行功夫传承中心",旨在保护、传承飞檐走壁功夫及弘扬中华民族的优秀文化。

最后,感谢人民体育出版社孔令良老师和那些在幕后参与编审而不知姓名的老师,在此向您们敬礼,也正是您们的辛苦付出才使这部书以新的面孔示人。在此也对那些曾经帮助过我、支持过我并在生活中给予理解的朋友、老师说声谢谢,谢谢你们!正是你们给予的莫大鼓励和支持,才有我今天的成绩。我会再接再厉,不辜负大家的期望,潜心研究飞檐走壁功夫并将之发扬光大。

葛强

2014年9月18日

目　录

第一章　飞檐走壁简介 …………………………………（1）

第一节　正确认识飞檐走壁 ……………………………（1）
第二节　飞檐走壁的发展史 ……………………………（4）
第三节　建筑与飞檐走壁 ………………………………（7）
第四节　飞檐走壁的现代应用 …………………………（14）
第五节　安全与养生 ……………………………………（19）

第二章　练功者的心理素质 ……………………………（22）

第一节　学习一定的心理学知识 ………………………（22）
第二节　非职业类心理训练 ……………………………（23）
第三节　职业类心理训练 ………………………………（26）

第三章　飞走功三要素 …………………………………（29）

第一节　力 ………………………………………………（29）
第二节　平衡 ……………………………………………（35）
第三节　缓冲 ……………………………………………（43）

第四章　刚柔并进 ………………………………………（49）

第一节　柔韧 ……………………………………………（49）
第二节　跌摔 ……………………………………………（53）

第五章　砖功五法 ………………………………………（62）

第一节　十字舞花 ………………………………………（62）
第二节　端提扭转 ………………………………………（65）

1

　　第三节　马步提砖举 …………………………………（68）

　　第四节　弓撑上举 ……………………………………（70）

　　第五节　抓砖俯卧撑 …………………………………（72）

第六章　独木行 …………………………………………（75）

　　第一节　腿脚行 ………………………………………（75）

　　第二节　手臂行 ………………………………………（78）

　　第三节　四肢行 ………………………………………（82）

第七章　跳纵 ……………………………………………（89）

　　第一节　跨步跳纵 ……………………………………（89）

　　第二节　双蹦跳 ………………………………………（90）

　　第三节　90°转体双蹦跳 ……………………………（92）

　　第四节　180°转体双蹦跳 …………………………（93）

　　第五节　步式跳落 ……………………………………（95）

　　第六节　卡尺跳 ………………………………………（96）

　　第七节　蹲吊反身跳 …………………………………（98）

　　第八节　离杆跳 ………………………………………（99）

第八章　踩纵 ……………………………………………（101）

　　第一节　圆杆踩纵 ……………………………………（102）

　　第二节　凸凹台踩纵 …………………………………（105）

　　第三节　墙面踩纵 ……………………………………（106）

　　第四节　混踩 …………………………………………（111）

第九章　飞扑 ……………………………………………（114）

　　第一节　扑抓架空横杆 ………………………………（114）

　　第二节　扑悬杆 ………………………………………（116）

　　第三节　扑固定杆 ……………………………………（118）

　　第四节　扑圆柱 ………………………………………（119）

　　第五节　飞扑抓吊沿（檐）边 ………………………（121）

第六节　扑撑 ……………………………………………… (122)

  第七节　单臂定身飞扑 …………………………………… (124)

  第八节　飞扑防火梯 ……………………………………… (126)

第十章　飞檐之技 ………………………………………………… (128)

  第一节　传统技法 ………………………………………… (128)

  第二节　吊檐变撑檐 ……………………………………… (133)

  第三节　上檐 ……………………………………………… (137)

  第四节　越檐 ……………………………………………… (146)

第十一章　围墙的快速过越 ……………………………………… (155)

  第一节　1.5米以下墙体的快速过越 …………………… (155)

  第二节　中等墙体的快速过越 …………………………… (158)

  第三节　高墙的快速过越 ………………………………… (162)

  第四节　综述 ……………………………………………… (166)

第十二章　单层房屋上法 ………………………………………… (168)

  第一节　取道于门 ………………………………………… (168)

  第二节　取道于窗 ………………………………………… (172)

  第三节　取道于墙 ………………………………………… (176)

  第四节　取道于邻旁之物 ………………………………… (185)

第十三章　楼房的攀爬 …………………………………………… (190)

  第一节　楼门头遮雨篷上法 ……………………………… (190)

  第二节　利用楼外表功能性附属物上攀 ………………… (193)

  第三节　利用建筑结构上攀 ……………………………… (196)

  第四节　夹道上攀 ………………………………………… (208)

  第五节　间接上攀 ………………………………………… (212)

第十四章　围栏过越 ……………………………………………… (213)

  第一节　倒立撑身过越式 ………………………………… (213)

第二节	柱面踩纵横身越栏式	(214)
第三节	蹲身弹体撑身侧越式	(216)
第四节	踩纵扑撑弹越式	(218)
第五节	柱式踩纵撑栏侧越式	(219)
第六节	踩纵撑柱侧越式	(220)
第七节	踩纵分腿越柱式	(222)
第八节	凸台柱面混踩横身越栏式	(223)
第九节	凸台柱面混踩撑柱侧越式	(224)
第十节	踩纵倒掏式越栏	(226)

第十五章　综合的攀爬过越 ······ (228)

第一节	综合技艺运用举例一	(228)
第二节	综合技艺运用举例二	(230)
第三节	综合技艺运用举例三	(231)
第四节	综合技艺运用举例四	(233)
第五节	综合技艺运用举例五	(235)
第六节	综合技艺运用举例六	(237)
第七节	综合技艺运用举例七	(239)
第八节	综合技艺运用举例八	(242)
第九节	综合技艺运用举例九	(244)

第十六章　雕虫小技 ······ (247)

第一节	金钩倒挂	(247)
第二节	阳台围栏拐角倒蹲越	(248)
第三节	开窗抓吊窜身	(249)
第四节	越栏反身蹲越	(251)
第五节	达摩坐桩	(253)
第六节	侧越背栏式	(254)
第七节	栏杆侧蹲越反身接中掏	(255)
第八节	房体快速缓冲下法	(257)
第九节	二楼阳台快速缓冲下法	(258)

第十节 攀杆 ………………………………………………… (260)

第十七章 影视飞走特技动作设计 ……………………………… (264)

第一节 技艺载体与技艺表现空间 ……………………………… (264)

第二节 飞走动作设计理念 ……………………………………… (266)

第十八章 军警的障碍设置与训练 ……………………………… (270)

第一节 障碍设置 ………………………………………………… (270)

第二节 军警训练 ………………………………………………… (275)

第一章　飞檐走壁简介

第一节　正确认识飞檐走壁

　　且说包公奏于皇上，南侠展昭武艺超群，身怀三技，一有剑法精奥；二有神箭百发百中；三有纵跃之法，实为飞檐走壁之能。龙颜大悦，宣至殿前，看个究竟。前二艺演示过，君臣看得赏欣悦目，拍手称绝。包公又奏："启上吾主，展昭第三技乃纵跃之法。非登高不可。就叫他上对面五间高阁，我主可登楼一望，看得真切。"皇上应允，即行。

　　只看他在平地上鹭伏鹤行，徘徊了几步，忽见他身体一缩，腰背一躬，嗖地一声，犹如云中飞燕一般，早已轻轻落在高阁之上。又见他走到高阁柱下，双手将柱一搂，身体一飘，两腿一飞，顺柱倒爬而上……天子看得目瞪口呆，失声一语，南侠得了"御猫"美誉，又加封御前四品带刀后卫，从此，凭借此技，跟随包公左右，明察暗访，捕盗拿贼，惩奸除恶。

　　在中国古书及口头流传中，有着许多飞檐走壁轻身功夫的鲜活人物，你稍一联想，有飞走之技的侠义之士比比皆是。像前面《三侠五义》中的南侠展昭，身怀一身飞檐走壁的绝技，跟随包公执法行侠；水浒中的神行太保戴宗，奔跑如飞，真是上好的快递邮差；再看鼓上蚤时迁，蹿上跳下，举步投足轻巧灵便，探囊取物伸手就来；近代京津地区家喻户晓的神偷大盗燕子李三也是伸手不凡，入王宫府邸，出公馆楼殿，窜越跳纵行事起来如入无人之境。

　　现代金庸、古龙等武侠至尊，笔下说的飞檐走壁之功更是能耐，描写刻画精炼得让人咂舌，百步之遥，危危高楼行事起来只是迅即一笔，或飞掠而至，或几起几落，或稍纵即逝，真比孙悟空腾云驾雾来得快，去得急。

　　神妙至极，令人垂涎神往，大多武侠迷更是津津乐道于此中，过过书瘾，领略一下高侠之绝技风采，夸张神化是书的特点，他们也只做消遣，并不多议。稍有心者便问："从古至今真有飞檐走壁之艺吗？"查阅对词解释最具权威的辞海，也未见其词，不知是百忙难免一疏，还是有待于更进一步的确凿，争议不下而避其不谈。又在一本旧新华字典上查到它，解释为："旧小说中形容练武的人身体轻便，能在房檐和墙壁上行走如飞。"少林为中华武林至尊，武文化宝库，费劲周折，最后在少林功夫中查证：飞檐走壁功夫属于少林七十二艺，只是博大少林功夫中的一技。

怀着对武术的痴迷，想探个究竟，飞檐走壁功夫有怎样的功力呢？历史总要安排一个机会给予解释的，就为了一个真实的答案，本人广征博取，为此潜心修炼近三十载，着迷执狂，大胆探索，苦心创新，以客观实事为依据积累了大量的经验与心得，以实践与理论相辨证，并不拘于留世及现有所练就的技法，而是用发展的观点看待问题，确认飞檐走壁并非虚言，古人特指窜房越脊速行的功夫。像古典小说中的"飞走"展示，都是对飞檐走壁功夫的描写，虽然文艺创作多出了许多渲染夸大成分，但从其描写看出，还是参照了许多民间飞檐走壁的功夫，或参考了当时相关的文字资料融入到小说的创作中去。

现代人对飞檐走壁之能并不认可，细作分析这并不奇怪。由于历史的种种原因，其广博精深的技法大部分已失传绝迹。长期以来，此功陷入窘迫的局面，留存的一些技法少而无序，不成规模。虽部分技艺已应用到一些行业并崭露头脚，但着实不敢以斑说豹，技之所限只能以其所属的"攀爬""走索""爬杆""翻墙"等项目称谓，这种在夹缝中求生存的残存技艺只能随风随倒，自是如没妈的孩子，沾着谁随谁，一会儿姓"武"，一会儿又跟了"杂家"，毫无昔日的名耀。武侠小说更是推极至无，由最初的细致动作描写到玄而又玄的一词代过。现代武侠小说已将"飞檐走壁"从字面上理解进而又神话到了书中，常加于侠义志士以达到主人公技艺超群、惩奸除恶、维持正义的良好愿望，词最初想表达的意思及内涵已完全走样，现保留的技法与之大加渲染的描写更是相去甚远。武侠影视片吊着威亚犹如空中飞人，其在人们头脑中的概念可想而知，真是令其尴尬至极。

有许多人认为轻功，就是一个纵身就飞落几米的高房、草上飞可以在麦尖上疾步穿行，茫茫雪原行者飘忽不定、踏雪无痕。其实一个懂科学的人都会明白，在物理力学中，任何物体移动或飞行，它的能力来源于助动的力，比如一个人要拔身纵起落身到几米的房顶，他的腿脚必须在瞬间能够爆发足够的力施于地面，获得反推的上纵力量。但通过科学的力学公式计算，双腿肌肉再发达有力的人，也无法爆发出这样大的力，使重达一百几十斤的身体平地弹升至几米高的房顶，至于草上飞、踏雪无痕，在理论上讲人的行走必须达到或接近飞一样的速度，这一奇观才能够成立，所以也是不可能的事。如果世间真有如此神化的能耐，那奥运会的速跑和跳高就不会是那个样子的竞技了。

在很长的时间里由于对飞檐走壁功夫的错误认识，导致很多人根据传闻和想象进行了飞檐走壁功夫的练习。例如只通过双腿绑负沙袋苦练跳跃，想有朝一日除去负重后一跳就可飞落高阁之上，行步如飞。所以其训练根本就不可能达到什么效果，这也就是我们至今也没有看到有人按什么所谓的传闻式的训练方法，能够练出轻功的原故。飞檐走壁的速行功夫实际并不是遇到障碍一跳就解决问题那么简单，它由许许多多繁杂的速行技能综合而成，在什么障碍环境下用什么"招"，这才是飞走功难于练就的真正秘密。

在现实中，人通过特殊的训练确实可以达到解障前行的速行目的，飞走者可蹿房越脊、攀楼走索、腾挪移转，身法轻盈敏捷，动如林猿，行似灵猫。

飞檐走壁"走壁"二字就是指飞走者在墙面上的连续踩击纵身，而飞檐就是过越檐头或由檐头上至房顶的技艺。一个飞檐走壁的速行者，在越障前行的运动中就突出一个"快"字，几个着力点，几个动作，连贯舒展一气呵成，视觉上会有轻如飞燕的感觉。

飞檐走壁归属于轻功，它有静功与动功之分。静功是以深厚的气功为基础，发功时，发功人身体相对保持静止，调理内气从而达到轻如绵絮之感。静功研究价值大于实用价值。动功是以过越障碍为主要目的，快速运动为主要特点，又由于它大多的技能都针对于建筑，因而冠之飞檐走壁。飞檐走壁根据实施形式不同分为：单人徒手，多人组合，借用工具三大类。

多人组合类包括助攀式和协攀式。助攀是助攀人员采用抛、挑等手段或利用叠加方式制造人梯、人台、人墙等为飞走者创造攀升条件的一种腾越攀爬方式。协攀是两人或两人以上采用相互协助方式进行的速越攀爬。例如多人组合类在军警消防训练及实战中多有采用。

借用工具类在速越攀爬中所表现的特点为：第一，主要依托飞走者携带的攀爬工具；第二，注重有效利用障碍物周围放置的自然物件。借用工具类内容包括常规工具的使用、破壁利攀的方法、特制工具的设计、特制工具的制造、特制工具的使用、非携带工具的灵活借用。例如我们熟知的体育竞技中出现的撑竿跳、架设线缆的脚扣攀杆等都属于借用工具类。

本书主讲三类之首，即单人徒手类，它具有独立性强，轻装便利等优点，但同时有其不利的方面，重在挖掘血肉之躯的潜力，不易练就，活动空间较于后两类有限。前面南侠窜上跳下即属于单人徒手飞檐走壁。

飞檐走壁实质就是人快速"行"的一种能力。飞檐走壁的上乘功夫，是以良好的各项基本素质为保证的，然后才能练就过越障碍及行走的特殊技能。飞檐走壁技能由平衡技巧、缓冲技巧、攀升过越方法等组成，巧妙利用人体运动产生的爆发力、运动惯性及作用于物体因而获得的可以利用的反弹力及摩擦力，去克服重力对我们的束缚，来拓宽我们的活动空间。

第二节 飞檐走壁的发展史

飞檐走壁的功夫源于古老的中国，距今已有几千年的历史了。

此功最初来源于劳动，生活条件异常艰苦是形成此功的一个重要因素。人从爬行到直立行走，摄食空间在不断扩大，赤脚逐猎、搜树采果、攀山寻禽、居无定所，漫无目的地迁移，凸凹崎岖、陡峭曲折，无不始于脚下，出于双臂之勤。可见奔行攀援之技是人们在大自然中为求得生存而客观形成的一种劳动技能，始之初也仅为劳动所用。

可以说飞檐走壁是从跑开始的，因为它是人类最基本的活动，所以奔行也就成了飞檐走壁最基本的功夫。

原始社会末期，贫富分化，阶级的出现，爆发了氏族、部落、部落联盟间的战争。野蛮的原始战争形式极其单调，奔行常常成为战争胜负的关键所在，进攻和撤退是否迅速往往决定着集体与个体的命运，奔行成为客观上优胜劣汰的标尺。史书《左传》记载，春秋时期军事上就开始了有意识地去训练奔行的能力："负重甲胄，手执戈戟，长奔不懈。"

随着人类的进步，种植畜牧业的发展，使人不在以逐猎为主要的获食方式。驯养技术的掌握，弓箭、飞叉等猎器的应用，部分狩猎改为以狗、鹰带猎，以马代步围猎，以飞动的利器远距离击猎。生活的改善，使人们安居乐业，不在忙于奔命，双腿极大程度上从繁劳中解放出来。

但由于生活条件的不平等，生活环境偏远，有些人依然过着封闭的生活，可以说原始的生活方式一直与时代长期并存着。长期深居荒郊野外、深山幽谷的草莽中人，以采摘、狩猎维持生计，寻畜奔猎，猿臂林间，但见岩脊间跳跃，树头摇曳，搏兽擒禽，撷果取食，练就了行走如飞、臂灵如猿的功夫。

随着社会的发展，经历漫长的各朝各代，社会分工越加细密，飞走功在很多新的职业下得到长足的发展，并不断积累，不断提高和丰富。

医学的进步，使中草药发挥了良好的作用，很多人便以采药为生，以当时的医学水平，许多难以治愈的疑难病症，常常将希望寄托于那些稀少难寻的奇珍异草上。如燕窝搭在岩洞绝壁之上，灵芝藏在崇山峻岭之中，雪莲生在雪峰之巅。在采集珍奇异草中练就了攀援摸高的本领。

古建筑雕塑是我国文化遗产的重要组成部分，它常以高大来展示宏伟壮观的气势，由远视来表现立体空间及平面的高度和谐，因而高空作业成为主要的劳动特点。由于作业时人在高空停留时间长，上下频繁、垒砌雕凿耗时费力等客观存在的不利因素，要求工匠攀升下降必须灵活和轻巧，以保证有充分的时间及体力进行有效的工作。

古代建筑雕塑对开扩和丰富飞走功迈出了坚实的一步，它在此方面的经验积累主要表现在借用工具类，它包括适合各种条件下的攀爬升降的工具得到发展，也包括拉绳结索的方法、精搭巧撑等。

从认识到有意识地去专门创立，这就归功于武林中人了。为了达到盖世武功，追求至高无上的武术境界，他们常常采用特制的器械或利用自然条件来训练，以求得奇异的功效，窜、腾、跳、跃中他们逐渐认识到，加上一定的运动技巧有过越障碍、便利攀爬的奇妙之处。更有甚者将武学置于一旁，专门投入到此技的揣摩、研习中去，并合理地将劳动中所获得的经验，取其精华融汇进去。

战争打乱了原有的平衡，此门功法因此也得到了实用。很多侠义志士越墙攀楼，窜房越脊，劫富济贫，救穷人于水火之中。也有武林败类乘乱而起，终日苦思冥想越墙攀楼之技，惯作梁上君子。再有，从登高窥探的侦察到攀城越池深入敌后的奇袭，从飞身夜探军情到神兵天降偷营拔寨，轻功可谓屡建奇功，得到了实用。

战事不断，动荡不安的年代为轻功创造了良好的发展条件。突出的实用价值使得它在各种力量的推动下，更加丰富、完善。到了清朝中期，轻功技艺达到了历史最高水平。巅峰就是走向没落的开始，科技的发展，火枪、火炮的运用，其杀伤距离及威力，非拳脚加长矛所及，这使得武林界受到了前所未有的冲击，从此武功的好坏，不再是力量抗衡的主体，人们开始了有意识地去遵从现实，用新式的武器来武装自己，飞檐走壁因而被逐渐淡忘了。

飞檐走壁用于表演，已有很悠久的历史，并在不同的艺术范畴里展示着它独具魅力的身姿。在欢快喜气的民间社火活动中，有属于借用工具类的高跷、组合类的舞狮。在传统的戏曲中，"唱、念、做、打"为戏曲表演的四种手段。在"做"的基本功中武生讲求跳圈窜火、抛掷接踢、翻滚扑跌，如我们熟知的名剧《三岔口》，飞走杂耍，动作轻盈流畅，一桌二椅之上见功夫，由此，飞走之技可见一斑。

真要说融于飞走功内容最多的表演艺术，那当数杂技。元代以前人们将乐舞杂技总称为百戏，马端临《文献通考·散乐百戏》，就有"二娼女对舞，行于绳上，切肩而倾"。独成一体的杂技艺术是民间杂耍繁荣的产物，它汇百家绝技于一身，包罗万象，集奇、惊、妙、险为一体，以舞台表演形式直接与观众见面，受到人们的欢迎。

飞走功使得杂技在表演项目上得到了丰富，而杂技表演的应用价值又推动了轻功的某些功法，促其进一步深化，可以说，好多技法通过舞台的表演价值变向地保存了下来，这是杂技对轻功的历史贡献。

飞檐走壁的一些技艺也在现代体育竞技中有所体现，跳高、跳远、跨栏这都属于单人徒手类，撑竿跳属于借用工具类。

在工作中飞檐走壁的功夫其实也有其影子，只不过没人注意归类罢了，比如通信电力架设时，工人脚上套的半圆形的金属圈，那叫"脚扣"，专门用于攀电线杆的，它就属于借用工具类。搭梯子登高，高空作业时身系绳锁的拉吊这都属此类。

建国初期，积极发展体育运动，提高竞技水平及国民身体素质，弘扬中华功夫被提到了新的高度，成为新的历史时期的重要任务。体育院校的建立、武术专业的开设、民间自发组成的习武活动的开展，中华武艺在党和政府的关怀下呈现出一派生机。同时也对飞檐走壁功夫进行着挖掘整理，但收效甚微，理出的材料甚少且散，这是由于受传男不传女、传男必传子的封建保守思想影响，还有其学习对身体素质要求甚高，可遇不可求，要学的动作难度大、危险性高，对客观训练环境要求甚为苛刻等诸多因素，使得飞走功几乎失传，有寥寥高艺者更是深居不宣。

中国改革开放以来，许多传统文化受到外来文化的冲击很大，正面临着前所未有的困境，不是危言耸听，如不保护和发展，将会衰落消亡。例如韩

国的跆拳道在中国可谓大行其道，许多原来学习中国武术的人也转投其道，虽然现代社会提倡世界文化大融合，但跆拳道发展得如火如荼遍地开花，与之对比的是很多地区的武术学校却面临招生难的困境。这值得我们深思，武术的文化表现形式如服装、礼仪、进级、赛事、演艺、文化传播传承等等都需适应现代人的需求。

如不搞活发展，流传了几千年了的中华飞檐走壁功夫也一样被外来的流行极限运动所取代。大多的青少年们也只是寻求短暂的运动快感和享受着时尚的酷感，他们并没有意识到承载和弘扬中华传统武文化的重任。

中华功夫派系众多，少林、武当、峨眉、沧州、佛山、菏泽、石狮等都是我国著名的武文化圣地，都有自己独具特色和享誉世界的武功，飞檐走壁的功夫也都有一些，但都不成体系，也都不以专门修炼此功为自己的独门功夫，历史上传说曾出现过类似燕子门等派别，专以蹿房越脊的轻功修炼为主，但现实社会中并没有一个组织派别专以修炼此功为业。

价值是任何事物存在并延续的最好保证，没有经济价值的体现，没有专人及固定的组织专门去做，弘扬传承无从谈起。中华飞檐走壁功夫的保护与弘扬一定要挖掘它的表演价值、观赏价值、使用价值让它发扬光大，也只有这样才能把飞檐走壁这门独特古老的功夫传承下去。

经过几十年各行各业在工作劳动中的不断探索、不断积累、不断完善，使飞檐走壁取得了长足的发展。而飞檐走壁——中国式跑酷的出版发行，标志着飞檐走壁功夫已逐渐形成理论与实践相统一的新学科体系。可喜的是21世纪初由很多中华飞檐走壁和极限运动酷跑的爱好者成立了我国第一个保护传承飞檐走壁功夫的组织——"乐行功夫传承中心"。

第三节　建筑与飞檐走壁

建筑体是人们根据不同的实用和不同的审美观，用建筑材料垒搭构筑起来的实体。飞走功主要是针对建筑的，如果视建筑为"的"，那飞走者就是一支离弓之利"矢"。对要实施飞走之技的建筑，飞走者都视其为障碍。在建筑中有一类是专门为了练习克服障碍而建筑的，我们称其为障碍建筑。

飞檐走壁实际就是解决建筑体本身对人行为限制的技能。或过越穿行，或

以建筑体本身为凭借，到达建筑体的某一特定部位。

建筑的结构及外形是千变万化的，在飞檐走壁功夫中每一个建筑都收入障碍的范畴之内，根据不同的结构外型，就有针对性的一套过越攀爬的技法，飞走之技随着建筑的不同而各有侧重。建筑有了古代与现代之分，那飞檐走壁之技自然也有古代与现代之别。

一、古建筑下的飞檐走壁技法

在长期的历史发展中，受地理、气候、民族文化传统和生活习俗的影响，中国古代建筑门类有城市、宫殿、陵墓、宗教、园林、民居、关隘、桥梁等，古代人在突越攀爬中形成了一套适用于古典建筑的技法。

廊、亭、阁、楼、寺，还有适应于南方多雨潮湿地区的杆栏式建筑，如棚居、巢居等，这些建筑多以圆柱为支撑，圆柱也就成了攀爬此类建筑的一条路径。攀爬粗细不一的立柱成为古代飞檐走壁最基本的技法，它主要突出表现在双腿的盘缠和弓身登攀圆杆的手脚协调配合上，盘柱如蛟龙，伏柱如壁虎是攀柱之技的写照。

古代城墙多夯土，兼有砖石，用以护城御敌，它属于障碍建筑。城墙壁平整，略有倾斜、高大厚实，墙外围一般都有护城河道，这些建筑特点使类如带助跑的飞身踩纵，借凸借凹的徒手攀爬变得一筹莫展，翻越攀援城墙一般采用多人组合或借用工具类，如多人叠加式、搭云梯、抛绳索，或应用破壁利攀的技法。

在寺庙墙、园林墙、宫墙、民院墙、房屋支撑墙等大都为清水墙，墙面为砖石面，墙高一般都在三四米，这运用飞檐走壁的走壁之技，可谓大显身手，游刃有余。

梁架是中国传统木结构建筑中的一种骨架，不管是飞贼惯盗的梁上小人，还是秉公执法、明察暗访的捕快，还是带有军事侦查色彩的飞探，梁架常被选择为伏卧的最佳藏身之所。以梁为卧，有悬其顶，避其眼目，光色暗淡，不易被人察觉之优，兼有居高临下，一目可览之势。古代飞走者攻于梁架的悬梁移身之技可谓灵活多变，有：横梁爬伏，静观其变；猕猴悬仰，横枝灵动；凌空搭桥，以身添梁；金钩倒挂，倒悬取物；上纵反抓，倒卷身形；爬卧悬吊，迅下无声。在现代的体育竞技中，单杠、双杠、高低杠的竞技技巧就相通于古代的梁架之技。

古代建筑可谓层峦叠嶂，建筑与建筑紧密相连，构成的建筑群更是气势宏伟。能够在错落有致，变化起伏的建筑中穿行游走，翻上跳下便利自如，弹纵和翻檐之技起着至关重要的作用。弹纵是跨越建筑间的间距和缩短下落最有效方法。翻檐则是向更高楼层攀越的最可行手段，常常房顶与房顶、檐与檐、顶与檐、墙与各部是飞走者空间转换的对象。庑殿、歇山、悬山、硬山、攒尖等是古代建筑的几种屋顶形式。不管它是四屋面还是双坡屋顶，弹纵而下的落脚之处不是倾斜光滑的玻璃瓦面，就是如或正或斜放置的一根抛了光的圆木似的房脊，可见客观条件对弹纵落身是极其挑剔的，如若稍有不慎就会被抛之而下，因此弹纵讲究纵身若离弦之箭，落身犹如磁石伏铁，究其技法，缓冲技术与平衡技术是落身轻盈，瓦不烂，声不响，稳若静水之舟的精髓。

二、克服现代建筑障碍的方式方法

根据用途不同，现代建筑可大体分为：水利建筑、交通建筑、商业建筑、工业建筑、住宅建筑、教学建筑、军事建筑、纯艺术建筑等。古代建筑的单一与现代建筑的复杂多变形成了鲜明的对比。

现代建筑千变万化，这无疑给如何去攀爬过越面前的建筑物设置了不少难题。有难题这并不可怕，要按部就班地去逐次解决它。首先我们要明确继承与发展的观点。在某些现代建筑的轮廓和局部，我们可以看到依然保留有古代建筑特有的线条特征，据此许多古代技法就仍然可以用于现代建筑。例如：古代的亭廊多用圆柱做支撑，而现代这类建筑多以长方柱、工字形柱、三角柱等棱角分明的立柱来表现，我们可以对古代技法做一些有意义的修改、调整，用举一反三的手法去变异它，使它在现代应用上仍具活力。古代针对圆柱有盘、缠、抱、伏的技艺，而现代我们可以根据立柱外形上的变化，在四肢的运用上做一些灵活的调整，采用蹬、抓、扣、夹、压、撑来完成上攀。

飞走功对于攀爬过越现代建筑而言，其实质就是抛开建筑本身给人们已设计好了的水平移动或上升下降的路线，如廊道、楼梯等，而在建筑体中及建筑群间寻求新的途径，以达到过越或达到某一空间位置的目的。如果不是这样，那飞走功就称不上什么特技技能了。就某一高大建筑而言，攀爬过越的成功完全取决于能否把握住建筑结构，以及建筑外部、内部的凸起、凹陷和我们攀爬所接触到的具体实物。只有了解了事物，我们才能够把握实质，所以一个好的飞走者也必须是一个建筑行家，必须要掌握一定的建筑基础知识，记录带有普遍性建筑的建造数据，也只有这样我们才能够根据人体的活动能力和肢体的有关尺寸去攻克这些具体实物，这是知己知彼的最好举措。当然我们学习建筑知识是要有针对性、要有选择的，我们只关心建筑的结构、建筑的内部及外部的形体特征，而无须关心建筑本身是如何承重的，但必须懂得与我们发生实质接触的这些建筑局部能否承受住我们强加于它的力量。

立足普遍，着眼于特殊，是我们解决过越现代建筑行之有效的策略。普遍就是指某建筑结构特征在建筑运用中很普及，我们应掌握住建筑的相同结构和表现手法上的共同特点，然后根据这些特点施以相应的技法，这样带有普遍性特征的建筑我们就可掌握了。

举例：如图1-1和图1-2，这两座楼在外形上运用了暴露的竖向墙柱，图1-1楼外墙面用的是构造柱，图1-2楼外墙面用的是装饰柱，将这样带有竖向外墙柱的楼体归类后，我们就可以专门研究各种宽细不一竖向墙柱攀爬技法了。

图1-1

图1-2

我们再看图1-3和图1-4，前者在外型处理上，运用了大量承上启下密集的水平平行板，后者在外形处理上，运用了很多横向的凸沿，这些横向的凸沿可以看成是平行方板的向里收缩，我们又可以将此类构造统一在一起，着手于研究攀越技法，完成上攀训练。

图 1-3

图 1-4

最后我们看图 1-5 和图 1-6，楼体表面呈现出垂直的墙柱被水平的长方板分割成小段，墙柱镶嵌在水平的长方板中，在这两个楼体中我们发现，横沿与横沿间，横板与横板间的间距，根本就无法用身高臂长来把握，这时我们可以借助竖向的墙柱来完成上攀。

图 1-5

图 1-6

装配式建筑是降低劳动强度、缩短工期、进行规模型建筑的现代必然产物。装配式建筑根据其装配化的程度可以分为全装配式建筑和半装配式建筑。

在现代建筑中全装配式建筑一般用于城市住宅区的建设，另外在商店、餐厅、医院、旅馆、办公楼、实验楼、单层工业厂房等也有较广泛的应用。全装配式的建筑由于装配化程度过高，因此此类建筑的结构外形基本比较固定，建筑的式样在生活中也就变得较为普遍重复了。

半装配式建筑的外形结构相对有一定的伸缩和灵活性。半装配式建筑除了有与全装配式建筑等同的应用外，还用于注重内部空间及外形表现力的豪华别墅、大型商厦、艺术场馆、政治文化交流中心、摩天大楼等。

装配式建筑由于要考虑充分发挥构件厂的生产设备的效能，尽量减少构件的规格、类型，提高构件的通用性和互换性，所以装配式建筑本身就在攀爬形式上给了我们做了分类。

将大部分建筑分门别类后，逐类研究解决，我们也就完成了立足普遍的任务。但是还有一部分形态特别的建筑，我们并不能够简单地将它们捆绑在一起，只能按其特征对症下药。这些建筑特点根本就无规律可寻、无捷径可走。认真对待，大胆探索、尝试是我们扩大现代飞走技艺内涵的唯一出路，这也正是我们着眼于特殊建筑的精神所在。

现代建筑是复杂多样的，正是如此才有了与之相适应的多样化攀爬过越形式。小到一面高墙，大到建筑群体，单人徒手、多人组合、借用工具等三种攀爬过越形式都可能会被运用到。哪怕是运用单一的攀爬过越形式来针对同一建筑体，那表现出的技艺也是很多的，针对于什么样的建筑体或细到建筑局部，都要有一个良好的攀爬过越预案。

攀爬过越形式是由建筑自身的体貌结构所决定的。例如：图1-7为一个带外廊道的教学楼，宽大的挑檐形成了外廊道，外廊道边有半人高的防护围栏，外廊道混凝土外沿距地面4米。

图1-7

现在假设由教学楼的正面从地面攀上外廊道为我们的任务,采用单人徒手显然力所不及,应用多人组合吧,所需协助人员又太多。这时我们可以借取如图1-8所示的一个特制简易工具,问题也就很简单了。特制绳长为攀者举手到围栏杆头的两倍,一头固定一手握式健身圈,另一头定型为一圈套,圈套大小以能穿过健身圈为准。

图 1-8

再看图1-7,将固定健身圈的一头抛掷过栏杆,或碰在廊墙上利用健身圈弹性从栏杆间隙弹出,或利用荡摆原理从栏杆间隙荡出,我们得到自由下落的健身圈后,将它从另一头绳套穿入,拉健身圈一头收绳就可以将绳牢牢固定在栏杆上。

攀爬过越形式还要由客观条件所决定,比如采用多人组合类要必须满足人数上的需要,借用工具类要受到手头有没有特制工具的限制,能见度、气候也都左右着形式上的选择。除此外攀爬过越形式由攀爬过越的任务、目的、性质、意义所决定,如在军事实地侦察中要考虑到行动的保密性,既要使行动成功,又要使行动毫无声息,不留任何痕迹。像大雪天攀楼,攀墙柱而不攀台沿,再像图1-7那样如果不是上楼,而是下楼,那么那根绳也就只有留在那里了。

选择攀爬过越形式的重要性不言而喻，如何恰如其分地在攀爬过越时作出合理的选择，在今后的学习中，我们逐步会接触到，但在训练中我们必须要坚持同一建筑结构，要掌握更多的攀爬过越技能的原则，也只有这样我们才能够在攀爬过越现代建筑时有更大的选择空间。

第四节　飞檐走壁的现代应用

一、应用于军事

虽然现代战争武力的强弱大大依赖于现代武器的精良，但战争的最终决定因素仍然是人，很大程度上依然要靠单兵的作战能力。所以突越攀爬技能的掌握是现代化军事训练所不容忽视的课题。

历史上就有"兵贵神速"之说，在战争中谁能争取时间，抓住时机，谁就能争取主动。在我国游击战及解放战争中，许多战役的胜利往往就是跑出来的。"声东击西""百里夜袭，神兵天降""打一枪换一个地方，神出鬼没"，这些战略战术都需要有脚下功夫的配合。在反映我军机智勇敢的电影《智取华山》中，我军小分队就是利用险道，克服山势陡峭的天险障碍而攀上华山攻其不备，从而取得了夺取华山的伟大胜利。现在战争的移动和推进主要依靠机械化的运输，但战争机器面对的不仅仅是开阔和平坦，在复杂环境下部队的机动能力还得依靠单兵的手脚，能攀善行的速行能力对于现代军人具有很重要的意义。根据部队作战性质特点与任务的不同，部队在此方面的训练主要包括：常规部队突越攀爬训练和特种部队突越攀爬训练。

二、应用于公共安全

飞走功应用于公共安全，它主要表现在同犯罪分子和同自然灾害作斗争上。

警察是国家维持内部和平稳定的中坚力量，在同犯罪分子做斗争中，他们成为法律忠实的执行者，维护社会秩序，保障社会安定，保障人民人身财产不受侵犯是他们共同的目的。

神圣的法律尊严需要每个警员来维护，要维护好法律的尊严，则要求警员要具备良好的作战素质，因为它是严厉打击犯罪的最根本力量。所以提高警员作战素质，是建设警察队伍常抓不懈的主要任务。警员作战素质由多方面组成，而突越攀爬能力就是其重要组成要素之一。

在维护社会秩序，打击犯罪方面，飞檐走壁灵活速动的功夫主要用于处理一些特殊的警事，例如刑警的刑事跟踪与搜查，武警对逃犯的追捕与围捕，特警针对黑势力的闪电突袭与反恐解救人质等。

将攀爬过越技能应用于同自然灾害做斗争最直接的应是消防员。我国在消防工作上采取"预防为主，防消结合"的方针，虽然预防火灾，防患于未然，加强消防监督，大力宣传提高消防安全意识是我们工作的侧重，但客观现实决定了火灾是与人类长期共存的事物，在某种程度上我们也无法完全杜绝火灾的发生。一旦发生火灾，抢救火场被困人员及财物，控制火势，将其迅速消灭在始发阶段，力争将火灾损失降到最低点是消防员们的光荣职责。

速动解障的功夫应用于消防，主要表现在消防警要迅速达到火灾现场，在非条件下克服复杂环境及建筑障碍，使自己有良好的站位，以确保高压水枪更接近火源。在火势封闭了建筑的正常通道下，可利用其灵动的特点接近被困人员，利用消防特制工具临时设置非常通道，达到疏散被困人员和救助伤员的目的。在火势蔓延和有爆炸隐患的情况下，可利用其技达到预定位置消除其危险，将灾情控制到最低范围。

三、应用于影视表演

我们知道飞走功是依靠表演者进行肢体运动表现的一种艺术，因而飞走功技艺是一种动态艺术，它的艺术形象就是肢体瞬间动作进而连续成为带有飞走功技艺特征化的运动。飞走功的技艺很富于表现力，而影视就依靠可动的画面去挖掘它的可视价值。

一个好枪手的枪击技艺是根据枪械、目标、距离、通过射击方式来表现的。枪械、枪击目标、目标距离，这些总和构成了一个让枪手表现枪击技艺的良好外部氛围，枪手如果脱离了这个外部氛围，那他的枪击技艺是绝对表现不出来的。飞走功所包含的单项技艺有很多，而它每项技艺也都需要一个良好的氛围，才能够去很好地展现，事实上这个外部氛围是客观表现技艺的一个借助，我们能够借助其结构、外型、空间间距、落差特点来很好地表现飞走功的某种技艺，我们就称其为某种技艺的体现对象，也称作这种技艺的载体。

技艺载体可以是建筑，也可以是个杂七杂八的物件，也可以是有着一定速度的交通工具，也可以是各种设施，归根结底技艺载体是以各种空间表现形式存在的实体。

飞走功的欣赏价值和它独具魅力的艺术特色被世人所认可，是从它的一部分"绝活"以杂技的形式登台表演的，随着适应于舞台的深入，各路艺人更是苦下功夫，在技艺上精雕细刻，像荡秋千、空中飞人、跷跷板、叠罗汉等就是艺人们不断追求、刻意求新的精品力作。

连续摄影的实现，电影电视的先后出现，使飞走技艺在表演上不再为舞台有限的空间和简易轻便的道具所限制，这时飞走技艺在表演上又进入了一个全新的时代，摄像机像眼睛一样可跟随表演者进入到生活中，在广阔天地里寻找能够全方位表现飞走技艺的外部氛围。

将飞走功搬上银幕大放光彩，这得归功于功夫片的出现。不过也着实让它忍受了一阵子观众大饱眼福后的一阵阵唏嘘。在20世纪20年代末期，上海明星公司根据平江不肖生所著《江湖侠传》，拍摄了18集《火烧红莲寺》，猎奇的心理使人们争先观看，其后便掀起了拍摄武侠片的高潮。那时的故事内容多以神侠怪客为描述对象，大大渲染超自然的功力，行走如飞，腾纵而起的轻功技艺便随打斗人在打斗片段及斗法逞威中神乎奇神地表现出来。

神怪武侠片在严厉谴责其无休止的宣扬迷信、恐怖、怪异下，一个时期受到了抵制，到了30年代末武侠片一直也没有什么太大的改观，对于较真实的表现武功的影片，对打套路基本上仍表现为戏剧程式化的一招一式，抽臂伸腿之间总是带着呆板的瞬间停顿，这时飞走技艺在打斗中还保留着舞台杂耍的风格，常以跳桌椅、睡独木、走缸沿等表现轻身之术。

从五六十年代至今，功夫片基本分为古装片与现代片，古装片拍摄多以武侠小说为蓝本，故事内容大多以报仇雪恨、行侠仗义、武林门派争夺宝物、秘籍为内容。当然《三侠五义》《水浒》等古典名著也在其中，使人们熟知的英雄人物更是绝代风流。这类影片及电视主要采用夸张手法去表现人物的武术、轻功、内功造诣，其中飞走功主要通过现代拍摄技法、放映技术，还有应

用一些现代表现手段去刻画加工的,如我们需要表现人物纵身一跃就稳稳地跳落到房顶上,只需将跳房片段倒放就行了。升降机、强力钢丝、弹绳、弹床群起而上,毫无功夫可言的演员们瞬间便能够踏地冲天,在空中奔行如飞。对于真正的飞走技艺在这里只是小儿科的把戏,根本谈不上"应用"二字,所以这类影片只能说是如何运用拍摄技巧大拍特拍去表现飞走功的超凡威力。

专门性的将刻画飞走功技艺作为主题的片子有《燕子李三》《峨嵋飞盗》《鼓上蚤时迁》等。真正将轻功的技艺真实地通过银幕展现出来的,还得算是现代动作影片。现代动作片大胆起用行家里手来担当演出重任,他们尽力使功夫不掺假,以实打实摔、真攀真越的良好风范将"绝技"通过演艺展示给观众。当然动作的危险之高、难度之大是有目共睹的。现代动作片的拍摄以现代生活为背景,按风格和题材分为:火爆枪战片,力主揭示黑社会里的尔虞我诈,纷争内讧的黑暗内幕;警匪片,宣扬正义最终消灭邪恶,警察永远是人们忠实的保护神;恐怖片,反映暴力、残酷的搏杀;武打片,弘扬中华功夫,振奋民族精神。

在拍摄动作片时,飞走技艺往往就表现在追逐、搏斗、摸进、偷袭的片段中,动作片就是要讲求高质量的动作,飞走技艺以各种方式表现出来,比如警匪片中好多直接将现实的特种部队攀爬过越的训练搬上银幕,来表现警官们艰苦的军旅生活和不凡的飞檐走壁功夫。在表现他们与匪徒的搏斗中,更是深刻刻画伸手不凡的功夫,但见他们跳悬崖死里逃生;攀高楼破窗入室,直捣匪窝;越高墙擒拿匪徒并将其绳之以法。

不管怎么说,动作片以其独特的优势主宰着商业性的电影市场,对于开创性的运用飞走功技艺投入到影视事业,香港特区走在了前列,香港影视明星成龙正是极大地利用飞檐走壁的功夫,凭借灵活多变的身手,立足于影坛,多年来以其大胆创新的精神在国际影坛上享有很高的声誉。

四、应用于极限运动

飞檐走壁的功夫在现代被用于越障时尚运动,融入到大众生活当中,我们时常会看到它们矫健的身影。现代人生活丰富多彩,富于朝气,人们对多种体育运动乐此不疲。随着休闲运动的兴起,越障运动也广受大众推崇,特别是经

济发达的国外此方面的运动更是走在了前面。

日本电视台多年前就推出了参与性强、广受欢迎的障碍挑战电视大赛，障碍赛设置了好几级赛段，每赛段都把各种障碍融入其中，集健身、娱乐、挑战于一体，障碍赛突出强调人通过四肢及身体的灵动来克服障碍达到快速通行的目的。这两年我国一些电视台也在模仿做此类的电视节目，这说明随着我国的经济发展，国富民强，人们更多关注休闲运动带来的快乐和健康。

拓展训练1995年从英国流入中国，其中障碍运动体验就是它很重要的一个培训内容，表现形式以多人组合和单人越障为多，比如求生墙合力翻越项目、两人协攀天梯项目、过电网项目、摇摆的缅甸桥、高空间距障碍跨越、高空飞扑抓够单杠等，通过合作互助将彼此的心里和动作协调到一个新的高度。虽然拓展活动中的越障难度不大，但以尝试体验的形式达到了心理、身体协调、团队精神、完成任务信念等其他方面的训练和学习，可谓旁敲侧击，收获颇丰。

外国版飞檐走壁式的越障现代运动当属"跑酷"，它更像中华飞檐走壁中的单人徒手行，有些技艺与之相同，但叫法不同，比如飞檐走壁中的"墙檐抓吊"，跑酷叫"挂墙"，"飞扑"跑酷称为"猫扑"，跑酷是一种在城市建筑间穿行的时尚极限运动，广受年轻人喜爱，近些年流入中国，此运动更追求建筑上运动的动作美，动作炫丽，相对淡化了越障实用性，很多跑酷的爱好者拿中国的飞檐走壁书籍用于跑酷练习，而跑酷某些动作也为中华飞檐走壁功夫注入了新的元素。总之跑酷形成的时间相对较短，刚开始传入中国时，练习较随意，动作和技艺相对单一，因而从运动路线上也多顺势由上而下的多，动作将很多空翻、转体、体操等表演化的动作加入其间来追求表现酷炫。这几年随着更广泛的融合，更多人的创意习练、参与和创新，跑酷动作有了很大的突破，技术更加完善和丰富，应该说跑酷给喜欢运动的现代年轻人提供了一个挑战越障运动极限的契机和空间。每个城市都有很多跑酷团队，很多青少年热衷于此。与之形成鲜明对比的是，虽然中华飞檐走壁功夫具有几千年的悠久历史，可称得上是越障运动的鼻祖，可武文化的推广严重滞后，很多飞檐走壁的高手也只重练不重展示推广，上面例举的几项现代运动都被人家重新调了馅打了包，插上文化标旗，又以新鲜可人的面孔展示出来，这应引起我国有关部门关于传统文化推广和创新严重滞后方面的反思。

第五节　安全与养生

飞檐走壁和跑酷一样，都是非常危险的运动，运动本身就时时伴随着大速度、大爆发、大劳大累、大起大落、大冲撞、聚停聚起的大消耗、大危险。不管你是身肩重要使命而去飞檐走壁的军警人员，还是热爱跑酷的极限运动者，如何既满足了工作或爱好，又在上窜下跳的游走中安全保身是必须要考虑和采取的必要措施。

此速行运动的安全分为即时安全和未来安全两个部分。

即时安全是指在动作中要时时保持着安全。即时安全受动作熟练程度、临场发挥、外部环境、动作载体、心理等的影响。即时安全防护原则是一个动作经千百次练习到熟练掌握，熟练程度越低保护的措施要越加周密。有条件的话要尽可能地随不同动作的难易和危险程度做好相应的安全防护，例如佩戴护具，中高空动作可在下方安置安全网，中低空动作可摆放海绵垫等。防护器具有：半指手套（图1-9）、臂护套也称臂软甲（图1-10）、护肘、护膝、头盔、拉网、海绵垫等。

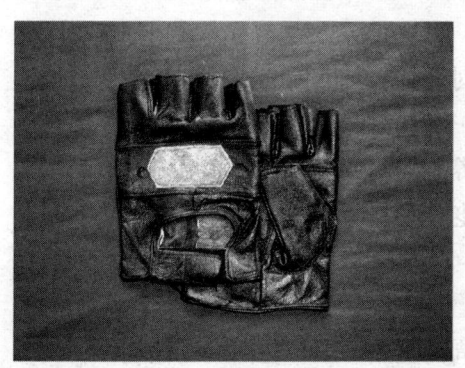

图1-9

图1-10

未来安全是指身体将来也要健康安全。很多年轻人可能并不懂得这些,只是一味地运动,追求用大速度、大爆发、大劳大累,大起大落、大冲撞、聚停聚起表现着"酷",来享受暂时极限运动带来的快感,殊不知人的关节、骨骼和内脏一生所承担的磨损和压力在一定强度和次数上是有限的。虽然当时感觉不出有什么伤,但肢体的劳损和内伤已日积月累,形成很大的安全隐患,这也是我们称为的软损伤,这种危险是暂时看不到和感觉不到的,随着年龄的增长会逐渐显现出来。股骨头磨损病变坏死、关节炎、静脉曲张、胃下垂,心脏病、肌肉劳损、脊椎病、脑震荡、胸闷、气喘、眩晕等病都有可能会出现,这些病都将使你饱受病痛的折磨。适量的运动本身对人体是有好处的,但超出了极限就会对身体造成损伤。

飞檐走壁属于中华武功中的速行功夫,它是典型的上乘外家功夫,经常在建筑中窜上跳下,大起大落,高危险速行,对肢体、脏器、心理损伤都很大,会导致人体的失衡。中国功夫讲究内外兼修,尚行派在练习飞檐走壁的外家功后,都还要练习内家的"聚释养生功",见图1-11,以静功来抵消动功损伤,调整平衡。我们知道养生的根本是把握平衡,"聚释"二字即为平衡之意,有聚就要有释,收放轮回不止才能平衡始终,人的病就是失衡的结果,小失衡得小病,大失衡得大病,及时平衡是最好的养生。

平时总说的"调理"就是在调"平衡",都知道饿了吃饭,渴了喝水,累了休息,困了睡觉来达到一个平衡状态,可这些饿、渴、困、累到一定极限就转化为病,所以一定要在可控范围内及时调整,不然就会发生失衡偏倒,调整不过来,生命就会因此终结。

自古就有武医同道之说,而医又与养生同门,故行武之人更要注意动静兼养,从而达到预防和消除疾病,减缓衰老,延长生命的目的。总之一个飞走高手,不但要具备行得快,跃得高的动功,还要懂得修生养性的静功,做到内调息,外缓动,心随意的聚释养生。

聚释养生功是遵循万物生生不息、周而复始、聚释轮回的变化规律,调节人体的阴阳平衡,从而达到健康和谐的养生功法。

聚释养生功被很多上班族所推崇,对于肩颈疲劳、腰酸背痛、气短胸闷、失眠烦躁、精神抑郁、风湿畏寒、机能失调等职业病具有很好的调理作用,通过练习能达到释放压力，舒筋活血，梳理经络，排毒养气，平衡机理的功效。

图 1-11

第二章　练功者的心理素质

心理素质是人的一种重要素质，因为它的高低会直接影响到人的生活、学习、工作等方方面面，练功的人同它的关系更是密不可分。

在训练学习及实际运用中，持不同的心理就有不同的结果，心理往往就表现在训练态度、动作质量和技能使用的灵活性等诸多方面，所以要成为一个出色的行者必须具备较好的心理素质。但是，心理素质的提高并非一朝一夕所能及，况且只有在特定的环境下，才有其特定的心理状态，所以我们只能依据今后的基本功训练、技能训练、实用模拟训练等不同阶段，根据所处的不同氛围而去有意识地训练它。

本章面对训练的各个阶段，就心理素质问题进行一定的阐述，提示引导以便增强技艺。

第一节　学习一定的心理学知识

学习一定的心理学知识是提高飞走者心理素质的前提。飞走者可以通过阅读有关心理学书籍去掌握它的基本知识，并联系实际活学活用。

心理学是研究心理现象客观规律的科学，心理现象实质就是指认识、情感、意志等心理过程和能力、性格等心理特征。攀爬过越的运动特点本身就给学习和运用飞走技能的飞走者提供了一个特定的心理活动空间，理所当然，这种心理活动是有规律可循的，运用学习到的心理学知识，可以有助于飞走者准确地认识这种特定的心理规律，并加以调控，从而使训练更为科学化，在实用中飞走技能能得到更出色的发挥。

气质、性格和能力构成一个人的个性心理特征。由于每个人所处的社会环境、生活条件和所受教育的不同，这就形成了不尽相同的个性心理特征，而不同飞走者的这种个性差异，又直接反映在他的训练进程和技能的发挥

上。所以通过学习心理学知识可以准确详实地剖析自我的个性特点，在训练和实用中对自我"特色"进行合理的删除及添加，以实际行动来客观正确地理解"我就是我"。

训练是否达标会影响到攀爬过越技能的真实使用上，而心理无时无刻不在伴随着飞走者的训练。在训练过程中，意志消沉、灰心丧气、恐怖紧张、充实兴奋、信心百倍、胆大心细等不好的心理或好的心理都会不断出现，所以飞走者要运用心理学知识找出产生不好的心理的根本所在，加以调理；对于好的心理我们不但要保持，还要发扬。

充分发挥心理学的引导功能也是学习心理学的一个重点。学习心理学的最终目的是知心而思变，在训练学习及今后的现实使用中，根据心理学的基本理论去不断培养高水平的心理素质，使飞走者的内部"精神"与外部"动作"达到和谐统一，力求内外完美结合。

训练阶段不同，训练所要求的心理也不尽相同，根据不同训练期的训练特点去认识心理，并使之得到及时有利的调整，与训练相适应。

第二节　非职业类心理训练

训练者的学习意向不针对于自己所从事的事业，学习飞檐走壁只是在业余时间里选择的一项体育运动，这样的运动者我们将其归划为非职业类。

一、非职业类心理基础训练

由于非职业类的特点所致，其训练是自发的，常以独自或由几个爱好者组成。没有外界压力，没有应用需要的紧迫感，竞争氛围不够，训练条件差，训练任务的完成随意性大等不利因素较突出，长时期艰苦的基础训练随着负荷的加大，焦躁、灰心丧气便相继表现出来。光凭盲目的兴趣去投入的事是很容易被放弃的，盲目的兴趣往往体现在急于获得结果，而对艰难的过程兴趣往往不够始终如一，当在短时间里付出代价后，现实与想象的有一定差距时，兴趣就会转移。因而作为一个训练者在训练中面对这些出现的心理问题应保持一个清醒的头脑，对自己的兴趣做一个认真负责的评判：自己的

兴趣是否带有盲目性？

　　飞檐走壁是中华武功的一种，它有着悠久的历史，继承及弘扬中华功夫是我们中华儿女应尽的义务。能够身怀绝技任意驾驭飞走特技技能，逾越各种高低不一、参差不齐的复杂障碍而一显身手是兴趣爱好者梦寐以求的事。渴望在很大程度上激发了训练热情，兴趣自然就成为促进训练的动力。坚持持久的兴趣除了有明确的学习目的和需要达到的目标，还必须对飞走功的训练有一个深刻的认识，对应该出现的困难有一个心理上的准备，以便于迎接新的挑战。

　　飞走功是以良好的身体素质为前提，因而基础训练可以使人体的各项身体素质得到提高，这对于训练者的学习、工作、生活等各方面来说是有百利而无一害的。

　　基础训练可谓艰苦、枯燥、耗时、费力、见效慢，加之没有外界监督体制，训练随意性大，培养坚强的意志将是训练者的一个重要课题。意志是克服困难、达到自己确定目标、体现在行动中的心理过程。意志是可以通过有意识的训练得以提高的，意志的培养要从点滴做起，要充分体现在小到一组体质训练，大到认真完成当天的训练任务上。"恒"是意志的精神主旨，日复一日，月复一月，训练计划在变，训练负荷在变，不变的只有坚定的信念。

二、非职业类技能心理训练

　　技能训练非同于基础训练，飞檐走壁灵活多变的身法是展现在技艺载体之上的，用一副单杠训练不出双杠的竞技技法是一个浅显的道理。飞走功的特点使训练者必须以一些建筑及非建筑实物为训练借助对象，这也就使得飞走者在学习技能时，必须找到某项所要学习的技艺针对的技艺载体。

　　对于非职业类训练者来说，没有各类技艺载体集中的训练场，只有到社会中去寻找，工厂、矿山、企业、学校，只要是风格不同、形式多样的建筑或非建筑实物都是飞走者训练的对象。面向社会去寻找技艺载体并付之于训练学习，这是一件让非职业训练者头痛的事情。由于它的运动特点，使他在社会中很难被人们所理解，这种不理解导致的负面影响会直接危及训练者的训练，这也正是一个非职业类的训练者所要面临的一个心理承受训练课题。以弘扬中华功夫为己任，以锲而不舍的精神为支撑，坚定信念，寻求对技艺载体主人的理

第二章　练功者的心理素质

解，以务实求真的态度，刻苦学习各项越障技能，这是针对解决训练难题必要的心理思路。

飞走功夫的各项技能很难练就，因此要以反复练习、多学多练来寻求突破，这是掌握特技技能的必要手段。对于新型的技能，训练者从开始接触到付之训练，到熟练地掌握，这中间都有一个由不会到会，由笨拙错误到敏捷正确的过程。而就在这个过程的前期，由于错误地理解动作的要点或形体动作，并不能够很好地表达自己的动作意念，这时反复地练习不但对技能的掌握没有促进，反而会加深错误的动作记忆，这也就是有些坏习惯养成的原因。因此有时不光是投入精力去训练就可以了，同时还要具备良好的技能训练判断能力，及时调整对动作的理解角度，正确识记各种动作变化特点，协调形体动作，使之很准确地将心理对动作的要求通过形体动作表达出来。及时纠正错误，及早走出误区，这也是科学训练心理所提供的必不可少的能力。飞檐走壁的表现过程是一个高度思维的过程。飞走功的技能通过形体动作表现出来，人在做动作时，大脑便处在高度运转状态，它像一台计算机一样处理着视觉、动觉、空间知觉、时间知觉、平衡觉所提供的信息，快速辨别身体各部分的空间位置、距离和移动方向，从而调节自己的动作，校正错误的姿势。

让一个人在一铁轨上行走，我们看到他步履轻便，平稳快捷，当将同样一段铁轨横架在高空时，我们再看他步履艰难，左晃右摆极力地去维持平衡，这是一个运动安全、危险与心理变化的试验。我们看到随着危险的增大，试验者精神紧张，极度恐惧，心惊肉跳使得原有的技能不能保持。

在飞走的技能训练时，爬高摸底，速进快越，危险可想而知。摔伤、撞伤、擦伤等时有发生，对危险导致的身体伤害，飞走者在做动作时会产生恐惧紧张的心理，这种心理障碍会时时困扰训练的进程，提高心理素质，以保证训练的顺利进行，这是心理训练的主要课题。对于非职业者来说，加强保险措施，不断提高技术水平；增强信心，提高面临危险的心理承受能力；发扬勇敢精神，认真总结动作失误的弊病，这些都是应重点加强的事项。除此而外，还要讲求训练的方式方法，让心理对高难度、高危险的技能有一个宽余的接受适应期，比如越障攀爬要注意遵循由低到高、由易到难的循序渐进的客观规律。

第三节　职业类心理训练

训练者的学习意向针对于自己所从事的事业，根据职业特点所需，为了更好履行自己的职责而进行此方面的专业学习，这样的运动者我们将其归纳为职业类。

一、职业类基础心理训练

艰苦、枯燥、耗时、费力、见效慢的基础训练，对于职业类训练者来说也是一种严峻的考验。由于职业类训练一般为集体式，所以柔韧、抗暴、跌摔、力量、速度、敏捷灵活、爆发、耐力等素质能力基础训练的强度，是按整体平均承受能力来制定的。为了强化训练，使训练者较早地通过各项基础训练期的素质、能力测试，一般来说训练定量偏高具有很大的残酷性。

严格执行训练计划和确保训练质量是高质量完成基础训练的必要措施。

参训人多，教员少，在这种情况下，受训人要有一定的自觉性，这种自觉性来源于良好的心理素质，被训人员不能只依靠外部监督进行训练，要调动积极心理，使训练计划顺利完成。

由于基础期训练的运动量大、体能消耗过量，会有长时期的肌肉疼痛、四肢乏力等症状，被训人员往往会出现心理状态不稳定，情绪低落，对训练产生厌烦感，训练涣散，为了完成训练任务，不遵守训练要求，以各种方式应付训练，使训练流于形式，从而影响到训练质量，阻碍训练的正常进行。

及时纠正不良心理状态去积极训练，无论对教员还是对被训人员来说都是非常重要。明确基础训练的重要性，被训人员应懂得，飞檐走壁的高超技能是以良好的身体素质为前提的，是完全建立在高标准的基础训练之上的训练，也只有打好基础训练，才能够顺利地进入下一步的技能训练。在保证完成训练的前提下，灵活改变训练形式，变枯燥乏味为多样有趣，帮助鼓励较弱者，引导勉励较强者，增强竞争氛围，增强荣辱观念，增强集体荣誉观念，这些都是一个教员所应有的良好教学素质。

受训人员也应明确学习目的，认真面对基础训练的艰苦，把基础训练理解

为锻炼坚强意志的机会，有意识地使身体素质、心理素质得到同步提高。自勉自励、有始有终，这是一个受训者应具备的品德。

二、职业类技能心理训练

职业类技能训练根据其职能的不同需求，其技能训练组成也不尽相同，它们更侧重于学有所用。例如军警类，他们在此类功夫的技能训练上更注意隐蔽性、迅速性、实战性等；而消防救护在此类功夫上的技能要求更偏向于灭火和救护相结合，如何使用各种越障攀升器械，如何利用周围地形、地物更接近火源展开救护等是他们履行职责的着眼点；影视表演类更注重于技能的可视性，在追逃打斗的窜上跳下中斟酌动作的流畅、美观、大方、惊险、刺激。职业性质不同，训练技能侧重不同，他们的心理也不尽相同。

职业类技能训练非同于基础训练，它一改枯燥乏味，由单调变复杂。随着要面临形式多样的障碍体，训练变得五花八门，奇异繁杂，趣味有加；它也非同于兴趣类技能训练，它由广博无序变为专攻精取。

随着训练模式的不同，训练所要求的心理也在不断变化，技能训练不再只是忍受大运动量的疲惫与痛苦，抱以意志力量就可以了，这时训练趋于技能、智能化，只有在障碍复杂、高难度、充分理解、高度协调下才能有所收获。

进入技能训练期，它不再像提高身体素质那样缓慢，可以说日有所进，月有所获，几个小时或几天就可掌握一项技能。不断的收获会使受训者产生成就感、兴奋、愉快、自信的良好心理不断发展，克服困难，坚持训练的信念不断加强。这时往往也会出现不尽如人意的事情。由于学员们先天身体素质和各方面的能力都参差不齐，学员和学员之间学习成绩也许就会体现出明显的差异，训练成绩落后的人员往往也会产生灰心丧气的心理。这时要注意发扬强帮弱、前拉后的团结精神，同时，成绩差的学员对困难、挫折、要树立不怕失败，最终熟练掌握技能的信心。

由于技能训练要真实面对技艺载体，所以危险性大大增加，恐惧的心理更是时时伴随着训练，这也就使危险上又添加了份危险。在做具有危险的动作时，恐惧心理的产生使受训者本应具备的灵活敏捷的动作变得呆板无力，本应有的协调也无法再保持，在危险发生下，毫无应急反应，从而放弃了自救的可能。

在职业类技能训练中，由于有很好的保护措施，所以提高了学员的人身安全，消除了学员的恐惧心理，但过分的保护会使学员承受危险的心理能力得不到提高，久而久之就会形成依赖心理，一旦失去保护，将无法完成所训练的动作，因此在保险措施的利用上，也要适可而止，考虑周全。

技能是运用已有的知识经验，通运练习而形成的趋于完善化、自动化的智能活动方式和肢体动作方式的复杂系统。而通过反复练习达到迅速、精确、运用自如的技能叫技巧，训练学习本身就是一个从不会到会，从会到得心应手的认识掌握过程，只有通过千百次认真的练习，才能在熟练中生出技巧。在学习新技能时，仍不能忘记温故而知新的道理。

我们知道意志就是人自觉地确定目的，并为实现预定目的克服困难不断地调节、控制自己行动的心理过程。在技能训练中受训者会随着学习的深入，不断地出现这样或那样的困难，而良好的意志品质是克服种种困难不可缺少的心理因素。

坚强的意志来源于明确的目的和为目标奋斗的决心，受训者必须清醒地认识到自己的历史使命和在社会中承担的责任。熟练掌握技能，同犯罪分子做斗争、同自然灾害做斗争、保护国家私人财产不受损失、弘扬中华功夫、发展影视表演事业，这些都是不同职业受训人员的职责，也只有明确了自己的学习目的，才有克服困难的根本动力。

第三章　飞走功三要素

力是运动的源泉，平衡保持着运动的最佳状态，缓冲解决了骤停带来的不利冲击。力、平衡、缓冲为飞檐走壁功夫的三大要素，有这三项扎实的基本功作为基础，才能使飞走者的各种技能发挥得游刃有余、有始有终。

第一节　力

人的各种外部动作都依赖于人所发出的力，这种力是人运动的驱动力。飞檐走壁是使身体快速移动，并大起大落的一项运动，这种运动不但要求身体要快速移动，同时还要在障碍下显得身轻如燕。能够达到这样的要求，首先就要依靠飞走者具有较强的驱动自己的能力，而这种能力就表现在力量、爆发力、耐力三个方面。

一、力量

我们说一个人比另一个人更有力气，这往往就是指他们在力量最大值上的比较。举起很重的杠铃，扛着重物艰难地走上一段，将一块重石搬移，这些都是测试人的力量最大值的方式。测得的结果或是臂力的记录，或是腰力的记录，或是腿力的记录。当然这些记录的数值并非就是直接参与测试的身体局部力量的绝对值，因为任何一个看似简单的动作都不可能是完全孤立的。例如在手握握力器时，臂部肌肉的力量也同时参与了进去。

飞檐走壁是一项对力量最大值要求很高的运动。例如飞走者在飞纵腾空抓够物体时，由于速度上的关系，这时手臂所承受的重力往往要大于身体的自重。再如人从高空跳落到地面时，双腿的承重也远远大于身体的自重，在这时如果没有控制好小腿与双足、大腿与小腿的两个弯曲度，而使两腿僵直的话，那双腿受到重创将难于避免。

力量有大有小,大力有大力的妙用,小力有小力的巧用。在不断提高力量最大值的同时,我们还要善于恰如其分地运用力量,这也就是要善于发力。在飞走的高技巧运动之中,发力的大小直接关系着动作的精确程度,动作中各肢体的发力大小、发力先后都是极其微妙的,所以这也就要求我们在今后的训练中格外注意,将提高支配力的能力提高到一个更高的水平。

动作是肌肉收缩与舒张的结果,因而训练人的力量使之最大值得到提高,实质就是训练运动肌的收缩与舒张的负荷能力。飞走者在力量上的训练方法有两种,一种是在以后系统的技能训练中结合技艺去训练提高,因为技能训练的本身就带有很强针对于力量的训练;第二种是力量专项训练,即单纯地去训练力量,使之提高。专项力量训练主要有如下几种:

1. 负重蹲起

身体呈蹲姿,将杠铃置于脖颈后的肩背部,两手分别抓握肩两侧的杠铃杆,双腿伸直站立,站立后身体呈肩背扛杠铃正姿,随后,两腿缓缓下蹲,最后恢复到蹲姿,如此往复数次。具体负荷、组次可视自己的训练程度适当增减。(图略)

2. 仰卧起坐

平躺,两脚固定住,两手交叉置于脑后,腹部用力使上身上起,最后下趴在双腿上,随后后躺恢复到平躺状态。(图略)

3. 垂吊折体

两手抓握单杠,使身体呈垂吊姿势,两腿伸直并拢,脚尖尽力前伸使脚面与腿面绷平,腹肌用力两腿上扬,上扬过程中两膝不能弯曲,上扬至两腿紧贴于面,之后缓慢放下两腿,身体呈垂吊姿势。(图3-1)

图3-1

4. 引体向上

两手宽于肩抓握单杠，身体呈垂吊姿势，两手臂用力屈肘向上引体，以下巴超过单杠为准，之后沉体，使身体恢复呈垂吊姿势。（图略）

5. 哑铃扩胸

两手分握哑铃，两手臂伸直并水平伸于前方，两手臂向身体两侧做开合动作，以两臂伸展在两侧成"一"字型为最大幅度的开臂，一组训练为多个开合组成，开合次数根据自己的能力而定。（图略）

6. 十指俯卧撑

大部分动作同于俯卧撑，唯一区别是用十个指头的指前肚撑于地面，在动作间手掌不能着地，此训练除了训练双臂的力量外，还能训练十指的力量，以便在飞走中抓、握、扣、勾、挂、抱、揽、撑、攥等。（图3-2）

图 3-2

7. 倒立推体

面对墙面，两手掌按撑地面，身体呈倒立状，两脚跟靠于墙面，两臂缓缓

屈肘使身体下沉，当头顶贴触到地面时再用力展臂使身体快速上起成始发状态。（图 3-3）

图 3-3

8. 负重奔跑

背负重物或两腿绑沙绑腿进行奔跑训练。（图略）

二、爆发力

人从不使用力到通过动作施展出力量，有一个时间上的过程，在极其短暂的时间里产生的力量，我们称为爆发力。爆发力的强弱，由产生力量的时间和力量大小来决定，当力量为一定量时，爆发力的强弱与时间成反比。

速行中，飞走者用于越障的腾、纵、移、跳、越、蹬、跑、踩，无不借用自身强大的爆发力施于物体反推助之以速行。在看似最简单的速跑中，每一次落地踏足、抽腿前跨都是一次力量的爆发。如在飞檐走壁中，走壁之技实质就是在墙面上实施的多次踩蹬爆发，从而借力拔身，以达到攀上及过越的目的。

通常所指的最大爆发力，也就是指在最短的时间里将最大力量充分发挥出来，因而提高最大爆发力的前提是提高力量的最大值，但更为重要的一点是将这种最大力量如何在最短的时间里发挥出来，这也就涉及到肌肉舒张与收缩的快速反应能力。怎样才能够很好地使力量发于一瞬，爆发力训练内容的实质正在于此，提高产生力量的时间观念是训练爆发力的根本所在。爆发力专项训练如下。

1. 卧推杠铃

仰卧在卧推板上，双手抓握杠铃在胸前，突然垂直向上推起杠铃至两臂伸直，在练习握推爆发时，注意杠铃重量不要求太重，否则会影响动作速度。（图略）

2. 推掷铅球

瞬间爆发力量伸臂推掷铅球，注意两手臂都要练习，以免两臂力量不对称。（图略）

3. 俯卧推撑击掌

两手按撑在胸前的地面上，身体成俯卧状，突然两手推击地面，使上体弹离地面，然后两手快速合手击掌，之后两手迅速按撑地面。随着训练的深入，背部可负一定重量来做，这样更能提高速度和力量。（图3-4）

4. 蹬击沙袋

站于沙袋前，一腿屈膝以前脚掌抵在沙袋上静立，然后突然展膝用力蹬击沙袋，沙袋被高高蹬起，身体随之闪离原处避免沙袋回荡撞击身体。（图略）

5. 立定跳远

自然站立，身体突然下蹲，两腿同时爆发展身向远处跳出。（图略）

6. 高抬腿

两腿快速交替高提膝跳。（图略）

图 3-4

7. 百米速跑

取 100 米跑道，以最大速奔跑通过。（图略）

8. 间距横杆荡抓

双手抓吊在一横杆上，突然荡体抽双手向对面的横杆抓够，随之控体抓吊在对面的横杆上，经过训练后一次要连续荡抓 10 档。两个横杆之间为一档。随着动作的熟练，一档的宽度加大。（图 3-5）

图 3-5

三、耐力

耐力即人体长时间活动或抵御神经、肌肉疲劳的能力。

一个人耐力的好坏，往往反映在他不间断地发出一定的力所持时间的长短上。持时间长的，我们说耐力好，持时间短的，我们就说耐力较差。在这里我们用一个形象的举例来描述人与人在耐力上的好坏。设一个斜坡无限远，两个人推着同等重量的小车，同时同地向上推去，其中一人随时间的推移速度明显

变得缓慢起来，最终力不从心地放弃了，而另一个人随着时间的推移，仍在推车前行，我们说后者的耐力就比前者好。

对于任何一个体育竞技者来说，在训练时都要安排一定量的耐力训练科目。对于擅长飞檐走壁的飞走者来说更不例外，如果没有很好的耐力，飞走者将在障碍建筑群中显得力不从心，无力可施，浑身的技巧难以发挥出来。例如在攀高楼的运动中，攀爬实际就是单调地多次重复着一个固定的动作。再如在过越多道墙体时，运动本身就是踩蹬爆发的多次重复。

一个耐力不很出色的"飞走者"在消耗能量的大运动中，体力会变得越来越弱，人体的四肢也随之变得酸软无力，积极运动心理严重丧失，大脑与肢体本应有的高度协调也不能良好地保持下去。

耐力训练可以选择一些做得时间长便会觉得不很轻松的体育锻炼。在耐力训练上可按自身承受状况制定一下训练计划和负荷量，对每一个初训者来说都有一个由短时间小运动量到长时间大运动量的循序渐进过程，所以制定的训练计划也要在训练中不断加量调整，与承受能力相适应。耐力的训练是艰苦的、枯燥乏味的，它非一朝一夕所能练就，所以要求飞走者要拿出相当分量的毅力、恒心和热情去投入到训练当中去。

耐力专项训练参考：

1. 长跑
2. 俯卧撑
3. 游泳
4. 登山
5. 跳绳
6. 跑楼梯
7. 步行越野
8. 骑车越野

第二节　平　衡

在飞檐走壁、过越攀爬的运动中，飞走者的平衡分为静平衡和动平衡。静与动是相对的，所以在静与动中的人体平衡也自然是相对的。不管是怎样的相对静止或运动，飞走者的自重力与肢体发力将是维持和打破平衡的主宰。

一、静平衡

静平衡即是人处于静止状态下的平衡；爬卧藏伏、稍息暂顿的技艺都属于飞檐走壁、过越攀爬中的泥塑静立功夫。这种静立功夫需要有良好的静止平衡能力。静止平衡能力分为三类：

第一类，耐性静止平衡能力。举例见图3-6飞走者爬伏在檐头上，夏练三伏，冬练三九，寒风蚊虫不为所动，这类功夫以心理耐受训练为主。

第二类，力量静止平衡能力。举例见图3-7，飞走者横身架撑在两壁之间，这种静止平衡需要良好的耐力去维持。

图3-6

图3-7

第三类，技巧静止平衡能力。举例见图3-8，飞走者马步蹲站在横杆上，这种静止平衡需要飞走者集中精力随时注意失衡偏倒。这种静止姿势存在的时间长短，常常是静止平衡技能的良好体现。

人不像有一定形状的静止物体，只要没有外力干涉，它就永远保持原有的

静止状态。人的姿势随四肢躯干的不同屈伸而变化万千。静止平衡除了有与物体相同的客观因素外,还由主观因素所主导,基于此,飞走者的静止平衡也有其特别的定义,即稳定平衡、不稳定平衡和危机平衡。

像图3-6那样,或是坐在座上;或是自然站立,这些都属于稳定平衡。这种静平衡的特点是:保持这种平衡状态,肢体不需发力或发力很小,也就是说飞走者维持这种平衡状态是很轻松随意的,平衡状态较稳定。

像图3-7那样,或抓吊在横杆上,或像图3-9那样,这些都属于不稳定静止平衡。这种静止平衡特点是:或维持这种平衡耗力大;或所处平衡状态稳度低,稍有不慎就有可能偏离平衡位置。总之,不稳定静止平衡,使人感到紧张而耗力,维持平衡时间短。

图3-8

图3-9

像图3-8那样,属于危机平衡,这种静止平衡特点是:潜藏有突发的失衡因素,平衡常常在瞬间伴随着危机的到来,而变得场面难堪。

明白了稳定平衡、不稳定平衡和危机平衡的利弊,有利于提高飞走者的实际运作能力。在飞檐走壁、攀爬过越的行动中,在保证爬卧藏伏、稍息暂顿的隐密、安全,利于观察警戒情况下,尽量要选择稳定平衡来确保静止的可靠性,同时又有利于飞走者在奔袭中得到短暂休息,这些都是理论结合实

际的经验。

不同性质的静平衡在影视制作中也有其不同的应用，如常用急刹车、急加速的表现手法将影视中人从车顶及车箱中抛起跌落，来表现强烈的冲撞跌摔的惊险场面。

不同性质的静平衡也常相辅相成，真真假假表现在电影中，真可谓花样百出，层出不穷。比如影片在展现惊险场面时，影视中人抓吊在飞动的直升机起落架上，随之摇动不定，着实让观众捏把汗，因为他随时都会伴随着摆动的幅度和抓握力量的丧失而一落千丈，粉身碎骨。不稳定平衡的危险视觉目的达到了。但实际在摄制中演员是被保险绳吊在那里的，那纯属于稳定平衡，抓握只是做个样子罢了。综上所述，这样既表现了不稳定平衡的不安全感，又利用了稳定平衡的保险性，不稳定平衡与稳定平衡达成了美妙的统一。

只要是静平衡，它绝对是有支撑，有依托下的平衡，所以飞走者在攀爬过越、飞檐走壁中，静立必须是建立在借力物体之上的，所以从大方面来说，静平衡能力也就是处理人与物借力关系的能力。静平衡能力专项训练参考：

1. 耐性静止平衡训练

此方面以意志力训练为主，可通过恶劣条件下的站立、爬卧、静止不动来训练，此训练为外静内动，在保持长时间的静默，心理不断发生着变化，放弃与坚持在斗争，耐性静止平衡能力一般用于军警爬卧藏伏的侦察、监视。（图略）

2. 力量静止平衡训练

（1）抓吊

两手抓握在横梁上，使身体垂吊静止。（图 3-10）

（2）有依靠倒立

两手臂伸直撑地，身体倒立，两脚依靠墙壁，身体呈倒立姿静止。（图略）

（3）倒挂悬垂

两脚倒勾檐头，身体倒垂挂于檐下静止。（图 3-11）

（4）夹道横身撑

详见图 3-7 所示。

（5）夹道大字型撑身静止

详见图 3-9 所示。

(6) 夹道背靠蹬脚撑身静止。（图 3-12）

图 3-10

图 3-11

图 3-12

(7) 倒顶立

头顶地，两手抱头，以头和两前臂支撑地面，身体呈倒立状静止。（图 3-13）

(8) 盘柱

依靠手脚、身体盘缩依附在立柱上静止。（图 3-14）

图 3-13

图 3-14

3. 技巧静止平衡训练

（1）金鸡独立

一腿提膝上抬，两手抱膝于胸前，另一腿直立，呈单腿独立姿静立。（图 3-15）

（2）倒　立

两手臂伸直按撑地面，两腿倒扬保持平衡。（图 3-16）

图 3-15

图 3-16

(3) 横杆静立

站在横杆上保持静立。（图略）

(4) 横杆马步

以马步姿蹲在横杆上，如图 3-8 所示。

(5) 摇板站立

在晃动垂吊的摇板上练习站立。（图略）

二、动平衡

在飞檐走壁、过越攀爬快速运动中的平衡，我们称为动平衡。动平衡技能即是飞走者在动中求静，动中求稳的能力。飞走功的主旨是速行，在多项速行技能中，维持动平衡的技能就是它们的重要组成部分。飞走者也只有将带有速度的身体随时处于平衡的状态，才能够使动作成为有效的横移飞越与攀升纵起。动平衡能力常常具体表现在动作力度、幅度、精确程度都很到位，动作更随意、更理想化上。

运动中的平衡由平衡感觉和平衡行为所决定。空间位置、移动时间、速度、方向、要面临的动作变化等，都是平衡感觉的参数，这些参数及时准确地反馈到人的平衡指挥中心，进行快速准确的分析处理并进行动作上的调整以适应平衡的需要。运动中的这些参数是否清晰准确地提供给大脑，以及下一步肢体的具体表现是否严肃认真，这都是平衡能力所要强化的课题。

飞走者在速行的运动中，动作转换的本身就是由一种平衡状态向另一种平衡状态的过渡，这种过渡使飞走者的重心在不断变化，以不变的平衡来对万变的动中重心之变，是保持动平衡的基本方针。对于有规律的运动动作转换的本身，是由一种平衡的状态向下一个同模式平衡状态的过渡，也就是平衡状态在运动中往复。由一种动作迅速转变为另一动作时，要有意识地抑制紧张反射，才能够很好地保持平衡的稳定性。

人在运动中，有有支撑运动与无支撑运动之分。无支撑运动也就是腾空运动，身体不受外部力的支撑，所以，就将平衡分为有支撑动平衡与无支撑动平衡。

飞走者在横杆上的"漫步"、铁丝网下的匍匐前进、接线攀杆等都属于有支撑动平衡。飞走者在墙头上的快速奔跑，虽然抽腿跨步之间有瞬时的腾空，但时间短暂，我们也视其为有支撑的平衡运动。总之，有支撑的动平衡特点是：人体在运动中很大程度都依赖于周围环境物体的支撑。也可以说每一个细微的动作都与物体强有力的支撑紧密相连，有支撑的动平衡，身体重心随运动在不断变化，当旧的支撑已不再适应重心变化所导致的平衡需要时，新的支撑就又担负起维持动平衡的需要。支撑除了起到平衡的作用外，还起到运动助力的作用，例如攀爬中手脚的快速配合，就是用不断地改变支撑来达到攀爬过越的平衡状态。

脱离荡绳后的荡越、高空跳落、纵越大跨度的间距障碍、空中转体翻腾、纵身飞扑抓握，这些有惊无险的腾空动作都属于无支撑的动平衡状态。在空中由于不能够借助外力，所以，空中的助力、动作姿势及造型能力是空中停留时间的有力保证。在飞走功中，如果飞走者在空中的动作能够达到预期的动作要求，我们就说无支撑动作处于平衡状态。

动平衡能力专项训练参考：

1. 倒立行走

详见图 3-17 所示。

2. 墙头跑

详见图 3-18 所示。

图 3-17

图 3-18

3. 走横杆

详见图3-19所示。

图3-19

4. 在软桥上奔跑。（图略）

第三节 缓 冲

　　飞檐走壁功一向以轻巧灵活而著称，因此动如灵猫，声不惊鹰是它的运动特点。飞走者在速行中，自身便是一个有一定质量、有一定速度的移动体，所以他具有的冲击力也十分大。高空跳落后的骤停、速进速退、左闪右躲、前纵后跳，以及其他一些突然改变运动方向的举措，冲撞、贯性失控时有发生。如何使瓦不烂、声不响，神不知鬼不觉的飞身夜探在速行中得到保证，缓冲技能起着极其重要的作用。在速行中我们形象地将缓冲比喻为行者的消音、消力器。缓冲即是缓解冲力的一种技能，在爬高摸低的飞走中，高空跳落在所难免，尽量降低跳落高度是缓解冲力的一种方法。我们在房屋上尽量不从房顶直接跳落，而采用抓吊檐头后再实施下落，这就是一个很明了的缓冲方式，因为

这对于一个身高正常的成人来说跳落高度会因此减少了近2米。除此以外，我们也可以利用错落有致的高低墙、凸凹高低台和其他一些可借力顿足的落身，来做快速的逐层跳落，这也是逐步缓冲的方式方法。

　　增大阻力，减少运动速度也是缓解冲击力量的一种方法。伞兵就是利用增大空气阻力来减小下落速度进行缓冲的，据此在不得已的下跳中，我们可以利用身边的雨伞、篷布等来作为我们的下跳缓冲工具。消防员在紧急出动时，是利用竖直的滑杆来实现迅速下楼的，这时摩擦力将是控制下滑速度的主要原因。在高楼消防救护，对居民实施疏散时，滑袋利用了内壁的挤压摩擦力，达到了安全向下输送人员的目的。减小运动速度使高空下落更为安全可行，这在生活及特殊行业中时有利用，对于一个飞走者来说，在速行中解决缓冲的难题，只有明白道理，灵活变通，不失时机地利用周围物体、工具来缓解因跳落、冲撞等所产生的各种冲力，从而更好地完成飞走速行的任务。

　　缓冲往往是在肢体的屈伸、开合中实现的，用发力控制肢体的屈伸、开合来抵消人体受到的撞击力量，是飞走者在运动中以力消力，缓解冲力的一种技能。例如在高空下跳时，下肢主要起到了承担重力冲撞的任务，自由落体的冲力由腰以下的四个弯曲来逐步消化。飞身下落后骤停，运动速度突然骤变为零，不但使身体不受任何损伤，而且还能继续下一步的速行，这是长期习练下落蹲身、把握各个屈伸、开合力度的结果。

　　当惯性过大，单靠肢体屈伸、开合无法彻底缓解冲击力时，可以因势利导地以横身滚动、团身前滚、缓冲前倒、缓冲侧倒等多种再运动的方式来缓解冲击力，这是继硬性"克力"后的软性"疏力"。以动制动，以引导惯性力来做另一种运动以抵消前运动惯性带来的不利冲击，也是一种有效的"渐变式"的缓冲方法。冲击大体分为横向冲击与竖向冲击两种，所以缓冲有其很强的方向性，在疏力缓冲中，迅速变向缓冲是该技能的难点。

　　在高空跳落中，选择类如沙地、草地、水池等有助于缓冲的落身地，也是一种具有实用意义的跳落方法。假设在不具备此类条件而无从选择时，也可以为自己创造有利的跳落"地"。例如在遇到大火焚楼时，在非跳不可的情况下，可先向下抛掷被褥等，然后寻铺垫而下，也可起到一定的缓冲作用。

　　缓冲并非狭义理解为只有当无支撑运动向有支撑运动转化时，来解决冲击碰撞及骤停转向的难题。在做有支撑的动作时，缓冲控制着局部肢体速度、动作幅度等。例如在做一个有支撑的动作时，动作前期肢体要充分发力，要使肢

体动作达到一定程度，但动作后期这种力量又给动作整体要求带来了麻烦，这时控制这种超标力量，充分保证整体动作的达标，缓冲起着协调、控体的作用。

对于有些较普遍遇到的建筑结构，我们在设计公式化的"解难公式"时，要将缓冲考虑进去，使套路化动作更合乎实际中的飞走运作，使越障速行既要减小缓冲的努力与攀爬飞越的速行之间的矛盾；又要减小损伤率来保证行动中的人身安全。在比较图3-20~图3-23房体快速缓冲下法与直接跳落下法中，

图 3-20

图 3-21

图 3-22

图 3-23

就可以看到其中之奥妙。在某些新式公式化的越障速行中，动作的大体形式就表现了它在缓冲上的"策略"。因为其策不尽相同，加之在细节上的动作本身就含有较高的缓冲要求，所以提高各项基本动作的缓冲技能是完成科学公式化越障速行的保证。

明白缓冲是一种缓解运动冲力，避免带给飞走者身体造成损伤的技能方法和缓冲的根本原理后，还要在速行运动中机智灵活地利用当时的环境条件和所学到的缓冲技能进行软着落，下面我们学习一些缓冲的方法。

1. 滑杆

在4米竖立的圆杆上做下滑训练，注意有意识控制下滑速度。（图略）

2. 下跳

在1.5~2米高的墙体上往下跳落，体会下落的各种冲力。（图3-24~图3-27）

图 3-24

图 3-25

图 3-26

图 3-27

3. 下跳接前滚翻

在 1.5~2 米高的墙体上往下跳落并接前滚翻。（图 3-28、图 3-29）

图 3-28

图 3-29

4. 多级下跳

每级落差在 0.5~1 米，进行由高向低的逐层跳落。

5. 房檐抓吊下跳

在高 3.5 米的房顶上，做抓吊房檐下跳落地练习，参见图 3-20~图 3-23 所示。

6. 缓冲前倒

身体保持僵直向前倒地，倒地前伸手按撑地面，注意五指分开，先指肚瞬间着地。（图 3-30）

图 9-6

7. 支撑杆

如利用有弹性的树杆或长毛竹竿进行附着折弯落体。（图略）

第四章 刚柔并进

第一节 柔 韧

柔韧即为人体各肢体及局部的活动能力，这种活功能力充分表现在人体的动作幅度上。

飞檐走壁的快速运动形式千变万化，不同的运动形式又有其不同的躯体动作要求，所以动作的多样复杂化使得人体必须有极高的柔韧性与其相适应，以满足运动对动作大开大合、大屈大伸、大收大展的苛刻要求。

飞走者的柔韧由专门的柔韧训练来提高。一般来说柔韧要针对人的肩臂、腰、腿三方面来训练。肩臂部的柔韧练习主要是针对肩关节的活动能力，以及手臂的抓、握、吊、拉、伸、扭、转的敏捷灵活程度来说的。肩臂的柔韧在窜墙越脊中时有利用如图4-1，这是一个飞檐的动作，要求以单臂为支撑，身体呈蹲状，由一侧移越到另一侧。在这里手臂既要起到承重支撑

图 4-1

图 4-2

作用，又要起到扭转的作用，如果没有肩臂良好的柔韧性，越障根本无从谈起。肩臂的柔韧可以通过压肩（图 4-2）、肩臂绕环（图 4-3）、双臂绕环、前后绕环、吊肩（图 4-4）、转臂、反背手传物（图 4-5）等训练来提高。

图 4-3

图 4-4

图 4-5

第四章 刚柔并进

腰在人体的中盘，在人体运动中起着承上启下的作用，历有"腰柔则身活"之说，如图4-6是墙头前手翻越障的瞬间，由动作可知需要腰部的柔韧程度。腰部的柔韧训练由涮腰（图4-7）、扭腰（图4-8）、后仰弓下腰（图4-9）等方法来完成。

图 4-6

图 4-7

图 4-8

图 4-9

51

腿部柔韧主要来源于下肢各关节的灵活性及柔韧性,它训练的标准基本以横、竖叉为参照,在飞檐走壁的实践中,夹道的大字型上法,跨步越障都各有其独到的利用。腿部的柔韧可以通过正压腿、侧压腿(图4-10)、正踢、侧踢、朝天蹬压腿(图4-11)、后压腿、仆步压腿(图4-12),并步抱膝等来提高。

图4-10

图4-11

图4-12

第二节 跌 摔

在武术搏击中，不但要具有十足的力量制敌，还要有承受敌方击打的能力，这就是武行中"要打人就得先学会挨打"的精神，这种精神实为一种难得的人体在力量冲击上的承受功夫。在飞走的运动中，飞走者也更需要这种功夫，这样才能确保人身安全，确保万有一失情况下"行"能继续。

飞檐走壁是利行的功夫，这种功夫往往表现为速进速退、爬高摸低、上窜下跳、游走窜行，攀得高，行得快，必然要产生大力量。人只要在运动，那他与周围就发生作用与反作用的关系。只要有力产生，人就无时无刻不在承受着力。因此在这项运动中，飞走者除了承受正常运动对身体带来的不利力量外，同时还要面对这项运动本身就已决定了的冒险性，撞伤、擦伤、摔伤、挫伤随着动作的难度加大意外时有发生。怎样避免意外发生时，身体不受伤或损伤极小，平常加强跌摔技术就显得非常必要了。

提高人体抗震或是抗击打的承受能力也是飞走者速行水平的重要标志之一。除了人自身与生俱来的抗震能力外，这种承受能力能够在针对性的训练下得到提高。人承受力量的最基本物质为肌肉、脂肪、骨骼等，在特别的训练中，能够在遭受外力情况下的肌肉、脂肪变得富有弹性，骨骼也变得更加坚韧，冲击力量传导所经的中枢关节也更加具有缓冲能力，内脏器官在很大程度上就会得到保护，实践中就不会身体受冲击而丧失运动能力。

人体的抗震能力有三个方面：抗震意识、抗震技能、抗震承载。

抗震意识：即为飞走者在发生意外时，能够冷静处之并及时调整心态应对随之而来的肉体上的痛苦。

抗震技术：抗震所采取的动作形式主要为缓冲技能。在完成各种动作时，怎样调整身体姿势，怎样灵活利用各种方式方法，使身体在各物体接触时将冲击力量减小（减震）到最低限度，尽可能减小损伤程度，来确保安全也是抗震技术的侧重。

抗震承载：在人体遭受冲撞跌摔时，主要由人体的肌肉、骨骼、关节等抵御各种力量的冲击，在实践中硬性抵抗各种冲击，就容易使机体受到冲撞而损伤。如果能够提高肌肉、骨骼、关节等的韧性、抗震能力及利用各种缓冲减震的技术动作化解各种冲击力，就能很好地保护身体免受损伤或是减少伤害的程度。

抗震意识、抗震技能、抗震承载，这三者具有递进的关系，它们集中形成了一个飞走者综合的抗震能力。在速行运动中，它不止一次地拯救过我。记得有一次从一幢二层楼顶向下面的大门柱跳落中，由于下跳的空中姿势没有摆正，以至于使重力过于前倾。两脚刚一沾柱头，身体便前倾平趴而下，我对即将遭受跌摔的大趋势毫无办法。我在下落中顺势来了个侧转身，最后以一个经常习练的侧摔姿势落在地上，当我忍痛从地上爬起，不经意的侧目让我大吃了一惊，如果我在空中不做那个侧转体动作，我身旁两扇门正中地面那个足有30厘米高的挡门柱正好对着我的前胸。我既感到幸运又感到后怕，思前想后，如果没有抗震意识、抗震技能、抗震承载的良好应急，我也不会只受到仅仅是一些皮肉之苦，看来平日习练跌摔的苦没有白受。

跌摔训练参考：

1. 前臂击

手心向上握拳，以前臂臂背打击沙垫。（图4-13）

2. 肩头击

侧向站于沙袋旁，屈膝虚步以肩外侧部靠击沙袋。（图4-14）

图4-13

图4-14

3. 背部击

以前后步背向站于沙袋前,含胸弓背靠击沙袋。(图 4-15)

4. 前胸击

以前后步正向站于沙袋前,挺胸靠击沙袋。(图 4-16)

5. 膝部击

并步面向沙袋站立,高抬膝,以膝部顶击沙袋。(图 4-17)

图 4-15

图 4-16

图 4-17

6. 缓冲前倒

①两脚分开，自然站立。（图 4-18）

②屈膝后做展膝引身前倾，身体在向前倾倒时要挺直，两手前伸做预备支撑。（图 4-19）

③张开五指做迎地支撑，缓冲下沉变指撑为掌撑，身体随手臂屈肘缓冲下沉，最后两手按撑于两肩膀，身体成平趴状。（图 4-20）

图 4-18

图 4-19

图 4-20

7. 后倒

①两脚分开，自然站立。然后做后仰倒，倒时头前探，背微弓。以背部着地，后脑勺不能接触地面（图4-21）

②倒地缓冲后两手臂平伸于两侧，身体呈平躺状。（图4-22）

图 4-21

图 4-22

8. 前跃扑跌

①两脚分开，自然站立。（图4-23）

②突然屈膝双脚蹬地向上引身跳起，双手前伸，身体绷直呈腾空前扑状。（图4-24）

图 4-23

图 4-24

③身体飞扑即将下落时，手心向下，屈肘以前臂平拍地面，最后以前臂为支撑，平趴在地面上。（图4-25）

9. 侧跃摔跌

①两脚分开，自然站立，然后两腿屈膝下蹲，身体微倾，重心倾于右腿上，随后展膝侧向跃起，两臂屈肘，手心向下，做欲按撑地面状。（图4-26）

②右前臂屈肘支撑在地，左手五指伸开撑在胸前，右腿屈膝以腿外侧着地迎击冲撞，左腿伸直，以脚内侧贴于地面。（图4-27）

图4-25

图4-26

图4-27

10. 后跃背摔

①两脚分开，两腿屈膝下蹲成马步。（图 4-28）

②两腿展膝两脚蹬地向上、向后腾空跃起。（图 4-29）

③在身体即将落地之际，两手心向下平拍于身体两侧，两腿屈膝抵压于胸前。（图 4-30）

图 4-28

图 4-29

图 4-30

11. 跃起前滚翻

①两脚分开，自然站立，两腿屈膝，两脚蹬地向上跃起腾空，双手上举，随后身体前弓，双臂向下伸探。（图4-31）

②两手按撑在地上，身体瞬间呈屈膝倒立状。（图4-32）

③屈肘沉肩，以肩部、背部、臀部的先后着地顺序向前滚翻。（图4-33）

④顺势前滚起，呈下蹲状。（图4-34）

图4-31

图4-32

图4-33

图4-34

12. 前磕子

①两脚分开，自然站立，两腿屈膝，两脚蹬地向上腾空跃起，含胸藏头，腿向后甩。（图 4-35）

②身体在空中继续翻转，面向天空，头微抬，两手手心向下，手臂平伸于身体两侧，做摔跌支撑预备，双腿屈膝继续加速后甩。（图 4-36）

③以肩背部、两脚掌部、两手臂做迎摔支撑，腰部挺起形成架空姿势。（图 4-37）

图 4-35

图 4-36

图 4-37

第五章　砖功五法

所谓砖功五法，就是利用两块砖通过五种方法，进行肌肉健美形体塑造、柔韧、局部力量、耐力等训练，砖功五法具有训练条件简易、动作简单、训练效果好等特点。

由于砖比较轻，所以每套动作可以在数量上多做，延长动作时间，这样有助于肌肉的收缩，随着训练的深入，可利用砖的吸水性将砖渗入一定的水，这样可增加负重。

第一节　十字舞花

①两脚与肩同宽，自然站立，两手抓砖，直臂水平将两砖相对置于正前方，呈起始状。（图5-1）

②两手臂水平向两端打开，做扩胸动作。（图5-2）

图5-1

图5-2

③两臂再沿原路径合拢,过程中两手背翻上,两砖平行在前方。(图5-3)

④左手抓砖上扬,右手抓砖下摆。左臂扬至垂直上举状,右臂下摆至向下垂直状。(图5-4、图5-5)

⑤左臂下行,右臂上行,两手臂交汇后水平伸于前方略做停顿。(图5-6)

图5-3

图5-4

图5-5

图5-6

⑥再右手抓砖上扬，左手抓砖下摆，右臂扬至垂直上举状，左臂下摆至向下垂直状。（图5-7、图5-8）

⑦右臂下行，左臂上行，两手臂交汇后停于正前方，两砖相对恢复为起始状。（图5-9）

图5-7

图5-8

图5-9

【训练要求】

以上扩胸加左右上扬下摆为一个十字舞花动作。此十字舞花动作一组须做20遍，单数为左手先上扬，双数为右手先上扬。

第二节　端提扭转

一、前端后提

①两手各抓握砖的中部垂于身体两体侧，两脚与肩同宽，自然站立呈起始姿势。（图5-10）

②两手掌心向上，上臂不动，前臂向上端砖，前臂和上臂屈肘最后呈紧贴状。（图5-11、图5-12）

图5-10

图5-11

图5-12

③前臂打开沿原路径下放于两体两侧恢复成起始状，两手向后翻转掌面朝后，沿臀部上提到不能上提了为度，最终使前臂和上臂有挤压感，手背贴于两肋。（图5-13、图5-14）

④两手沿原路径下放于身体两侧，恢复成起始状。（图5-15）

以上阶段为前端后提。

图5-13

图5-14

图5-15

二、左扭右转

①接图 5-15 的动作。左扭身，同时右臂直臂抓砖上起到正前方水平位置后随身体继续向左横移到左侧。左臂抓砖后扬，最后与右臂成 90°角，随后，腰身和两臂沿原路径恢复成起始的自然站立姿势。（图 5-16~图 5-18）

图 5-16

图 5-17

图 5-18

②再右转身，同时左臂直臂抓砖斜上起到正前方水平位置后随身体继续向右横移到右侧。右臂抓砖后扬，最后与左臂成90°角，随后腰身和两臂沿原路径恢复成起始的自然站立姿势。（图5-19、图5-20）

图5-19

图5-20

以上左扭身加上右转身两个阶段共称为左扭右转。

【训练要求】

一个前端加一个后提，再加上左扭右转为一个前端后提动作。此前端后提动作一组须做20遍，单数为先左扭，双数为先右扭。

第三节　马步提砖举

①马步蹲站，在正前方摆放两块并立的砖，伸左手抓两砖直臂上提再向上扬举。（图5-21~图5-24）

②左手将砖放在地面后，伸右手抓两砖直臂上提再向上扬举。（图略）

第五章 砖功五法

图 5-21

图 5-22

图 5-23

图 5-24

【训练要求】

马步提砖举左右手交替各须 10 遍。还是先左后右。马步提砖举训练手的抓握和臂部力量。

第四节　弓撑上举

①两脚与肩同宽，自然站立，两手抓砖上举，头后仰，面朝天，呈起始姿势。（图5-25）

②弓身向下，两手按在砖上，膝不弯，将砖水平按压在地面上。（图5-26~图5-28）

图5-25

图5-26

图5-27

图5-28

③直膝弓身按撑砖停顿3秒后，再屈膝下蹲。（图5-29）
④抓砖屈肘将两砖分别托在两肩上，起立呈马步状。（图5-30、图5-31）

图5-29

图5-30

图5-31

⑤托砖上举，身体变直立，头随之上仰朝天，恢复到起始姿势。（图5-32、图5-33）

图5-32

图5-33

【训练要求】

抓砖直腿向下按为弓撑，抓砖由蹲变直身向上托举砖为上举。弓撑上举动作须往复20遍为一组。

第五节　抓砖俯卧撑

①将两砖侧立摆放于地面，稍宽于肩，两手伸直抓握砖块，身体呈俯卧动作。（图5-34）

②屈肘沉身，身体呈趴卧状。（图5-35）

③展臂俯卧撑起，起身后恢复到撑臂俯卧状，以右臂做支撑，抽左手上扬直指天空，脸随之扭转，目视指尖方向。（图5-36、图5-37）

第五章 砖功五法

图 5-34

图 5-35

图 5-36

图 5-37

④左手回到砖上，身体呈撑臂俯卧状后，屈肘沉身，身体呈趴卧状。（图5-38）

⑤展臂俯卧撑起，起身后恢复到撑臂俯卧状，换左手抓砖做直臂支撑，再抽右手上扬，直指天空，脸随之扭转，目视指尖方向。（图5-39）

73

⑥右手回到砖上，身体呈撑臂俯卧的起始姿势。（图5-40）

图5-38

图5-39

图5-40

【训练要求】

抓砖撑动作一组须做20遍，单遍数为先抽左手指天，双遍数为先抽右手指天，换手中间做一个俯卧撑。由于手抓在横立的砖上所以此俯卧撑具有上下卧撑幅度大，不单训练臂部、腰腹力量，同时还训练两只手的腕力和抓握力量。等到有一定臂力和手抓握的力度后，可以一手做支撑，另一手抓砖向上扬举。

第六章 独木行

从本章起我们开始由基本功转向速行的技能知识学习。

飞檐走壁中的独木行，是一种便行的实用功夫。例如中国古代建筑所决定了的"飞步走脊"、军警训练场上的"速行独木桥"、特种作战中的抓吊大跨度拉索抢渡江河等都属于独木行。

此功在发展中又被深入刻化在一定的技艺载体上，以其独具特色的艺术进行形体表现。例如常见于杂技中的"钢丝舞动"和单双杆、平衡木的体育竞技，总之这些运动的旋律是在线体上的，归其特点称之为独木圆舞（武）曲。

独木行根据肢体运动的不同，可分为腿脚行、手臂行、四肢行。

第一节 腿脚行

一、起伏的墙头跑动

【技艺载体选取】

选宽24厘米，高低起伏，并有足够长度、便于训练的砖体围墙作为该技艺的技艺载体。（图6-1）

杆栏式围墙的间隔墙柱较为美观，而且柱头突起，或如图6-1中看到的随地势而建的具有层次的起伏墙头，还有围墙所普

图6-1

遍具有的 90°转角处，俗称墙拐角，这些都给在墙头上奔跑训练设置了障碍，使奔跑趋于复杂化，也给奔跑动作、速度的高度协调性和机动性训练提供了物质保障。

【训练要求】

先在高 1 米左右，宽 24 厘米的矮墙上练习奔跑、加速、减速、骤停、折转。达到奔行自如的速跑后，再到高 1.5~2.5 米的低起伏的墙头反复练习以上技术，直至不惧高，跑动平衡迅速自如。

二、架空横向圆柱行走

【技艺载体选取】

取直径 10~20 厘米，高度在 3 米左右，并可以给我们提供足够长度，以便于训练的架空横向圆柱作为该技艺的技艺载体。（图 6-2）

图 6-2

图 6-2 中看到的架空横向圆柱为工厂的工业用管道，管道架空的高度，光滑的外表，以及有圆弧的外管壁都给行走带来了困难，在这种环境中训练，对行走者的平衡及行走能力的培养极具意义。

在走架空横向圆柱的训练中，两脚外侧，以凹陷的足弓来迎合管壁的圆弧外表，用以增大脚掌与管壁的接触面，从而达到提高稳定性的目的。在行走中要以迈步前方 3 米段为视线目标，要积极克服恐惧心理，神情放松，内心平静，注意力集中，这样才能使迈步稳健快捷。

【训练要求】

此技能的早期适应性训练应在低处的横向圆柱上进行，两手臂可平伸于体侧，起到调节平衡的作用，认真体会行走状态与平横的微妙关系，安全掌握架空横向圆柱的行走技艺。

三、跑斜杆

【技艺载体选取】

取直径 10~15 厘米，长 5 米左右与地面成 40°角的圆杆（最好是上面有方便抓握的物体）作为该技艺的技艺载体。（图 6-3）

图 6-3

在距离斜杆 5 米之外助跑，脚外开，以足弓凹陷迎合斜杆的圆弧外表，含胸使身体前倾以迎合倾斜的杆子，左右腿交替快速上跑。

在踩蹬斜杆迈步上跑时，要注意巧妙利用杆对人体的支撑力，而不是蹬杆产生的摩擦力，因为侧重于摩擦力只能使自己脚下无根，下滑不止。

图 6-3 中的斜杆是在自然中选取的篮球架作为该技艺的技艺载体。

【训练要求】

初练此技时，可用长 4 米，直径 20 厘米的圆木搭在 2 米的砖墙上练习。等熟练后再换成直径 5~15 厘米的钢管进行练习。

四、在间隔横柱上飞走

【技艺载体选取】

取直径 15 厘米×15 厘米×150 厘米长的方柱 30 根以上，以平行间隔 2 米，距离地面 2 米水平搭设，作为该技艺的技艺载体。（图6-4）

此技在初训时，可两脚同时站立于一横柱之上，一脚发力向前迈步跨出，另一脚随之跟进，两脚相继落足于前方的横柱上，如此反复训练，熟练后再练习一脚迈上前方柱后，后脚跟进但并不落足，金鸡独立稍做停顿后再向前跨步迈出，如此反复逐渐使停顿时间缩短，直至在间隔的横柱上大步流星地奔跑如履平地。图 6-4 显示的平行长方横柱，为一河道上空架设的水泥制灌溉水槽上的梁骨架，上铺设木板可做常规小桥使用。

图6-4

【训练要求】

因为此技艺载体很难寻找，所以可在地面隔 2 米水平摆放一排砖，摆放 10 排以上，砖的宽度为 12 厘米，训练时注意脚掌要准确地蹬踏。

第二节　手臂行

一、边沿抓吊行

【技艺载体选取】

取一抓吊檐头后，脚可悬离地面，长度在 10 米以上的墙体作为该技艺的

载体。（图6-5）

①两手并齐抓吊在房檐或墙沿上，两脚伸直垂吊，脚尖微挑抵靠在墙面上，身体呈垂吊姿势。

图6-5

②抽一手向前方边沿抓够，两腿分成"人"字形，微挑脚尖抵靠在墙面上。

③抽另一手向前手靠拢抓够沿边，两腿随之并立，身体恢复到原始的抓吊姿势。

边沿抓吊移动是两手臂交替前进的结果，也就是多个前抓后跟动作的反复。

边沿抓吊移动用于竖向平面上的横向突起，围墙檐头、房屋的挑檐、窗通台、架空管道、墙壁上固定的横向管道都可以利用边沿抓吊横移。在图6-5中显示的是楼檐下的装饰通台的边沿抓吊。此抓吊两脚有所依靠，可相对减轻两臂的抓吊力量，而在挑檐上，身体呈悬吊状就比较费力些，因此边沿抓吊移动不单是一种便行的方法，同时也是一种极好的锻炼臂力的方法。

二、软梯吊行

【技艺载体选取】

取一架设在空中,每间隔5米有一支撑架,总长度至少有10个间隔的软梯作为该技艺的技艺载体。(图6-6)

在横向软梯的吊行中,身体在两手臂的交替抓够中不断起伏晃动,因此在动作中既要准确地抓够前方的梯木移动,又要技术性地控制身体的荡动起伏幅度,以免因摆动过大而消耗体能,影响吊行的时间和长度。

横向软梯吊行重在训练行进中处理平衡的能力,但有时也有意不顾及荡动起伏,以此来锻炼手臂的附着能力,因此它也是训练手臂附着能力的首选方法。

图6-6

三、倒立行走

【技艺载体选取】

取任意一平坦地作为该技艺的技艺载体。(图6-7)

手做支撑,身体呈倒立状,两手交替向前移动。按照移动的方向不同,将倒立分为视行和盲行,视行就是向目视的前方行走,盲行就是向后脑方向行走。一般来说倒立行走时将两腿尽量弯曲,降低重心使行走更趋于稳健。

倒立行走能锻炼人两臂的承受能力,

图6-7

锻炼两手臂维持身体平衡的能力，更值得一提的是，因为此行走方式打破了人头朝上行走的习惯，所以使人的控血适应能力也得到了提高。

四、檐头直臂撑身转体

【技艺载体选取】

取一段长 10 米，高 1.5~2 米，宽 24 厘米的砖墙作为该技艺的技艺载体。

①两手与肩同宽，直臂按撑在墙檐上，两腿直并，身体呈檐头直臂按撑正姿。（图 6-8）

②抽左手以右手臂作为支撑，身体逆时针扭转，以右脚尖为起点，沿脚外侧靠墙面扭转。（图 6-9）

图 6-8

图 6-9

③转体 180°后，身体呈背对檐头按撑正姿，抽右手以左手臂作支撑，身体继续逆时针扭转，以左脚跟为起点，沿脚外侧靠墙面扭转。（图 6-10）

④最后右手臂按撑在檐头上，两腿直并，回到原始的檐头直臂按撑姿势，即完成了 360°的檐头转体移动。（图 6-11）

图 6-10

图 6-11

檐头直臂撑身转体，使肩关节的活动能力得到了锻炼，使两臂扭转更加灵活，此技艺多用于影视中的动作设计，使动作更具有观赏性。它实用性不强，虽然费劲转体了 360°但实际移动的距离并不远，一般要求训练者能迅速连续地在檐头扭转 5~8 个即可。

第三节　四肢行

一、蹲吊行

【技艺载体选取】

取一段固定在墙壁上的、长 20 米、直径 5~10 厘米的横向管道作为该技艺的技艺载体。

①两手抓握管道，手臂伸直并拢，两腿作紧蹲状，以脚趾部踩压在墙面上，身体呈檐头蹲吊姿势。（图 6-12）

②起左手向左前方管道抓握,分左脚向水平的左前方踩蹬,最后身体呈分臂、分腿檐头蹲吊状。(图6-13)

③抽右手向左手靠拢抓握管道,拉右腿与左腿并拢,最后身体呈原始檐头蹲吊姿势,即完成了一个前进动作。(图6-14)

图6-12

图6-13

图6-14

蹲吊行即是分臂分腿,靠臂拢腿的反复。在特殊情况下,如要求身体快速移动,这个动作可做得大些,即伸出的手和脚要超越正常抓吊的距离。

蹲吊行通常在矮墙头上进行训练,两手抓檐蹲吊在檐下,两手臂交替向前方檐头抓扣使身体快速沿墙移动。

二、悬仰绳索攀行

【技艺载体选取】

取一横向悬空绳索作为该技艺的技艺载体。

①身体悬仰，左右手前后抓握在绳索上，右脚与左脚以凹陷的脚跟部搭在绳索上。（图6-15）

②抽右手向左手前方抓握，左腿屈膝以脚跟部搭于右脚前方的绳索上，如此交替往复沿绳索前进。在悬仰绳索攀行中要注意伸臂与收腿动作的协调性。（图6-16）

图6-15

图6-16

三、躬身攀斜杆

【技艺载体选取】

取直径 5~10 厘米、长 10 米的铁管,以小于 45°角搭设作为该技艺的技艺载体。

①右手先于左手抓握在斜杆上,右脚先于左脚以足弓凹陷迎合圆弧踩蹬在斜杆上。(图 6-17)

②抽左手向右手的前方抓握斜杆,上左步向右脚前方踩蹬。(图 6-18)

上述动作交替往复便可弓身攀上斜杆,图 6-19 中所显示的就是此技艺的

图 6-17

图 6-18

图 6-19

实用，飞走者将悬空高架的倾斜管道视为通道，由一建筑向另一建筑过渡，在上行中要注意手臂对控制身体平衡起主要作用。另外还要注意学习失衡情况发生后的变躬身伏杆为悬仰吊斜杆，这样在躬身上攀斜杆中一旦出现失衡偏倒，便可实行自救。

四、上行倾斜长方柱

【技艺载体选取】

取一上面宽40厘米且与水平面成60°角的长方柱作为该技艺的技艺载体。

图6-20显示的倾斜长方柱为一大型建筑的加固斜向支撑柱，在上攀斜柱中两手交替向上方沿角抓扣，沿角含于虎口中，待两手抓扣沿角高度一致时，再上步后置的腿足。如此往复便可达到上行倾斜长方柱的目的。

图6-20

五、墙沿行走

【技艺载体选取】

取一在高地势建有的围墙，围墙内收，形成10厘米边沿作为该技艺的技艺载体。

第六章 独木行

图 6-21

①两手臂分开，同背部一样紧贴墙面，两腿分成"人"字形，两腿外开，使脚掌尽可能顺应墙沿走向踩踏，右脚向前挪动，左脚跟进，使人向前移动。（图 6-21）

②脚尖顶住墙柱内角，右手抓扣柱角，提左腿向前跨步，身体以顺时针扭转。（图 6-22）

图 6-22

图 6-23

③两手臂屈肘抓扣柱角，两脚踩蹬在墙柱两侧的墙沿上。（图 6-23）

87

④左脚尖顶住墙柱内角，抽右腿向右扭转。（图 6-24）

图 6-24

⑤越过立柱继续以分腿背靠式向前方挪动。（图 6-25）

图 6-25

围墙墙柱也称抗风柱，一般每隔几米就设有一个，并且在墙沿行走中背靠墙沿移动与过越墙柱交替形成规律。在通台与墙柱纵横交错的楼体外壁上沿墙沿行走时有利用。

第七章 跳 纵

跳纵是飞走功中的一种通过跳跃使身体腾空，定向腾移并落身于目标点的功夫。它主要用于克服起跳点与目标点之间存在的水平间距或垂直落差带给飞走者带来的各种障碍，通过跳纵使身体腾空从而穿越各种障碍，最终达到利越利攀利行的目的。

根据飞走者跳纵的方向，可分为：向上跳纵、水平跳纵和向下跳纵。

跳纵是由立定起跳的称为静式跳纵，跳纵前有一定助跑的跳纵称为助跑式跳纵。助跑式跳纵必须具有足够的跑道供其利用，助跑在很大程度上能提高腾空移动的速度，因而在条件允许的情况下可充分利用助跑跳纵以增强飞走者克服水平方向上的障碍能力。跳纵包括起纵、空中身形变化、落足定身三部分。

第一节 跨步跳纵

【技艺载体选取】

可选相邻的等高楼房或相邻的等高平台作为该技艺的技艺载体。

①利用有限的房顶助跑，助跑时右脚要准确地落在楼顶檐边，以此脚蹬劲使身体腾空然后提膝上左步向前纵跨。（图7-1）

②右脚发力蹬离楼房顶檐，左脚继续前跨。（图7-2）

③随着左小腿的伸展，身体腾空处于两建筑中间，两腿分叉为大角度的"八"字型。（图7-3）

④身体继续向前腾移，左腿最终落在对面楼体的檐边上，自然屈膝做缓冲，后腿回收跟进。（图7-4）

图7-4跨步跳一般用于解决起跳点与目标点间几乎处于水平的间距障碍，跨步跳的目标点必须有足够跑道以供下落后跑步进行缓冲，所以使用跨步跳纵要看目标点是否能满足此条件，图7-4的楼顶即可作为下落后的缓冲跑道。

图 7-1

图 7-2

图 7-3

图 7-4

跨步跳起初的前纵力来源于伸腿跨步对身体的带动力量，随之展膝蹬踏起跳点又产生了反弹力量，身体的腾移就是利用了这两种力量，从而达到克服间距障碍的目的。

上体在跨越移动中，要注意努力前探，如果上体速度跟进不足，有可能使中心后移，从而导致灾难性的后仰高空跌落。

第二节 双蹦跳

【技艺载体选取】

可选两个相邻建筑，且为一高房和一低墙垛，双蹦跳纵技艺即是用来克服房与墙垛形成的间距和落差障碍。

①自然站立于房檐檐头，目视前下方的墙垛，突然迅速弓身下蹲。（图7-5）

②引身前倾，双腿展膝蹬击檐头使身体向前方倾身弹跳而出。（图7-6）

③屈膝收腿，以大速度跟进，将前倾的身体拉直。（图7-7）

④双脚与肩同宽落足于墙垛上，两腿随势屈膝，并作躬身进行缓冲，用以加强稳定。（图7-8）

图7-5

图7-6

图7-7

图7-8

双蹦跳一般用于解决跳落点水平或低于起纵点间的间隔障碍。

双蹦跳由于两腿同时落足，所以着落后支撑面较大，平衡也就较稳固，不太大的慢性冲力利用屈膝缓冲技能在落足的原地就可得到消化，所以间距障碍不是太突出的情况下，此种跳纵方式对跳落的环境要求并不高。只有落身面对的前方能够满足屈膝躬身的活动空间即可。

双蹦跳在克服房与房、楼与楼、房与墙等物体的间距障碍时有利用。不要求在跳落点稳固定身而是稍顿即发，几起几落式的连贯跳落用双蹦跳来完成可以说是如驾轻舟，例如逐层跳落，由高处跳落到房顶，再由房顶跳落到墙头上，继而再跳到地面，它将大高度分解为多层次，利用跳落缓冲的形式将高势能逐层分解消弱，直到落地势能消减为零。

第三节　90°转体双蹦跳

【技艺载体选取】

可选两个相接的建筑——高房和与之相连接的低墙，90°转体双蹦跳技艺即是用来克服房与墙形成的高度落差障碍。

①自然站于房体挑檐檐头，突然弓身下蹲，尽量降低身体重心高度。（图7-9）

②两足离檐下跳，用重力自然落体下落后，身体侧向扭转。（图7-10）

③身体在下落中扭转90°后，两脚保持与肩同宽稳健地落足于墙头之上，利用腰、腿、脚这三个要弯曲动作控制缓冲。（图7-11）

图 7-9

图 7-10

图 7-11

90°转体双蹦跳一般用于解决高处向低处的跳落,并且目标点为"狭长地带"且飞走者在未实施跳纵时,面对的方向与"狭长地带"的方向一致。

由于面对狭长地带,如果还是采用直面双蹦跳下,那么很难保证双足准确地落于狭窄的墙头上。如果在落足准确、双足并拢也不利于落身稳定的情况下,飞走者可通过90°的空中转体,重新调整自己与"狭长地带"的方向,这样两足就可以自由左右分开来满足落足后的支撑面,这样不但增加了跳落的保险性,也为下一步跳落地面创造了条件。因为可根据最终所要跳落的地面而选择方向不同的90°转体双蹦跳,使由房跳落到墙头后,面对方向正好是所要跳落墙体的一方地面,这与计划中的下一步运动方向是一致的。

第四节　180°转体双蹦跳

【技艺载体选取】

可选一条河道深沟作为该技艺的技艺载体,180°转体双蹦跳技艺是用来克服这条深沟造成的间距障碍。

①自然站立于沟渠壁沿上,目视对面渠沿,突然迅速屈膝弓身,两手臂用力后甩助力。(图7-12)

②两腿展膝蹬离渠沿,扭转倾斜的身体,在深沟的正上方身体转体90°。(图7-13)

图7-12

图7-13

③目视落足点，身体继续扭转，两腿扭转前进速度大于上体的扭转前进速度。（图7-14）

④上体下体以不同速度扭转前进，下伸两足向预定的落足点下落，此时身体呈倾斜状。（图7-15）

（5）两足在空中扭转180°后下落于渠沿，两腿随势屈膝下蹲进行缓冲，上体同时继续扭转最终完成180°的转体，与下体在方向上保持一致，两手平端于两侧用以稳定平衡，飞走者以躬身大马步稳健定身于对岸的渠沿上，至此完成180°转体跳跃移身越障。（图7-16、图7-17）

图7-14

图7-15

图7-16

图7-17

180°转体双蹦跳纵一般用于解决起纵点与落足点落差不太大的间距障碍。

180°转体双蹦跳纵为一种练习身体灵活的花样跳跃方法，但是在特殊的环境下也有其独特的作用，参见第十五章第一节。

由于180°转体双蹦跳纵在达到对岸后首先下体要实施落足，如果上体扭转和跟进速度不足，那么落足后的瞬间里身体就会处于严重的前倾斜状态，所以落足后上体要快速后撤，避免严重前倾，导致失衡向深沟前栽。

第五节　步式跳落

【技艺载体选取】

可选一瓦房与高墙形成的落差障碍作为该技艺的技艺载体。

①自然站立在房檐上，目视下方墙头突然蹲身下跳，在下跳过程中，一腿前伸，另一腿后撤，两腿呈迈步式。（图7-18）

②两足一前一后落于墙头，两腿一弓一屈做顺势缓冲，展膝直腿，最后身体呈迈步站姿。（图7-19）

图 7-18

图 7-19

步式跳落一般用于解决由高到低的障碍，并且跳落地为"狭长地带"，飞走者未实施跳纵时面对方向与"狭长地带"方向一致。

以迈步一前一后的两足来适应"狭长"的立足环境，这是很好的解决不良落足环境的一种灵活变通的方法。

虽然前面学习的90°转体双蹦跳也是用于解决由高到低的障碍，并且也是突出对付"狭长地带"的恶劣环境，但二者要酌情用之，才能发挥其特技之长。

从图上的大环境可看出，由房檐跳落到墙头后，下一步不外乎有两种行

动，第一种是有选择地跳落到围墙一方的地面，第二种是沿"狭长地带"向前方奔跑，再翻上对面的瓦房。（图7-20）

图7-20

以步式跳落到墙头后，飞走者面对方向与"狭长地带"前方保持一致，很显然更合适第二种跳落方式。

用90°转体双蹦跳有选择地扭转跳落到墙头上，飞走者面对方向即是围墙一方的地面，无需作任何调整下跳即可。这显然就是第一种快速有效行动的最佳模式。

由以上看，怎样合理运用两种技能好像是一目了然了，事实并不是这样简单，由于步式跳落下落的两条腿所处境况并不一样，又加之飞走者在下跳中重心前后很难恰如其分地把握，所以承受冲击力量并不均匀，这就使得一条腿不堪重负，而另一条腿又过于轻松，所以步式跳落并不能胜任克服大的高度落差障碍。而分析一下90°转体双蹦跳落，跳落后步调一致屈伸自如的双腿，那局面就大不相同了，所以，我们还要慎重"酌情"处之。

第六节　卡尺跳

【技艺载体选取】

可选两个相邻的墙体，卡尺跳即是用来克服两墙间的间隔障碍。

①自然站立于房檐檐头，目视对面墙体开口处的跳落点，突然弓身下蹲。（图7-21）

②引身前倾。（图 7-22）

③双腿展膝蹬离檐头，展身向前方倾射而出。（图 7-23）

④蜷膝收腿，两腿以大速度跟进，在空中将倾斜的身体拉直。（图 7-24）

⑤左腿先于右腿提膝上步，落足于对面房体缺口的墙头上，后腿伸展跟进，脚尖微挑，以脚趾部冲抵在墙面上，这时踩压在墙头上的左脚与冲抵在墙头上的右脚构成一"卡尺"，将身体以半蹲半吊状卡在墙头之上。（图 7-25）

图 7-21

图 7-22

图 7-23

图 7-24

图 7-25

卡尺跳一般用于解决两平行走向的墙体构成的间隔障碍，且起点等于或稍低于跳落点，卡尺跳可让双手解放出来，可以持物进行跳跃，图片中飞走者是背包和手持武器进行演示的。

蹲身起到落足踩压、稳定身体和屈膝缓冲的作用，垂吊的腿以冲抵的形式将指向前方的惯性力抵消，又因半蹲半吊的形式更增强了人体对墙头的附着力，卡尺跳等于上了双向保险。不难看出，卡尺跳落身的稳定性是双蹦跳、跨步跳在解决间隔障碍方面难以相比的。

卡尺跳的定身是以蹲身的形式出现的，所以跳落墙头后，相对于站立来说也较隐蔽。

第七节　蹲吊反身跳

【技艺载体选取】

可选一高房与一邻近的撑墙石柱，蹲吊反身跳即是用来克服高房与石柱形成的落差和间隔障碍。

①身体呈蹲吊状附着在与石柱对应房体的房檐下，侧首正视石柱。（图7-26）

②突然两脚蹬击墙面，身体即以扭转反身的形式垂直弹离房体。（图7-27）

图7-26

图7-27

第七章 跳　纵

③在空中针对石柱做反身转体运动后，两脚下落于石柱柱头。（图 7-28）

图 7-28

④随势做屈膝缓冲下蹲，上体努力前探，防止后仰发生。（图 7-29）

图 7-29

蹲吊反身跳在两种情况下使用。第一种即是身体在起纵点无法立足，而只能依靠抓吊存身，并向下方的物体跳落，第二种是起纵点与跳落点落差太大，以抓吊的形式缩小其落差，从而达到准确保险地跳落，图 6-26~图 6-29 中的跳落就属于第二种情况的跳落。

第八节　离杆跳

【技艺载体选取】

可选一根电线杆和邻旁一房屋。离杆跳即用来克服杆与房形成的间距障碍。

①右臂揽抱电线杆，另一臂屈肘用手按撑在电线杆外壁，左腿屈膝外开，

99

以足弓凹陷迎合电线杆圆弧的外表"卡"在电线杆上，右腿屈膝以小腿及大腿内侧配合左脚紧夹电线杆，以此姿背对房屋附着在杆上。（图7-30）

②突然以按撑的手用力推击电线杆，以左脚蹬击电线杆，身体垂直弹离后扭转身体使其面向房屋。（图7-31）

③经180°扭转运动克服间距障碍跳落到房顶上。（图7-32）

图7-30

图7-31

图7-32

离杆跳一般用于解决电线杆与邻旁建筑体形成的间距障碍。

上攀电线杆，再由电线杆上跳落到邻近的高房，这是一种较为实用的上攀方法，它通过灵活借用以间接的形式达到目的，而这里的由杆跳落到邻近的房顶是一个关键性的技术环节，只有熟练掌握这一技能才能使这一路径畅通无阻。

第八章 踩 纵

踩纵，即是踩击物体纵身的功夫，它就是"飞檐走壁"之中的"走壁"技能，正是它使得飞走者"纵则腾移开来，行则提升而上"。

飞檐走壁就是利用腿脚功、手臂功、身法三者在特定环境中统一起来的一种快速的运动，而"走壁"就属于腿脚的上乘功夫，飞檐走壁、快速过越的许多技法都是围绕"走壁"进行的，例如在蹿房越脊中没有它的纵身把握檐头，也就谈不上飞檐了。

在快速运动中，只踩踏物体一次的踩纵称为单步踩纵，连续踩踏两次或两次以上的纵身称为复步踩纵。

既然踩纵就是踩踏物体纵身，那么被踩踏的物体不同，踩纵所要求的技术要领也就不尽相同，根据踩纵形式的不同将它分为圆杆踩纵、凹凸台踩纵、墙面踩纵、混踩四部分。

【名词解释】

踩前助跑：在踩纵前为了使身体获得更大的速度以便于踩击物体爆发上纵而进行的加速短跑。

踩点：在踩踏物体时，与脚掌发生接触的物体部位。

踩步：踩踏物体的脚，从抬脚离开支撑点到踩点，这之间的一步称为踩步。

终步点：给踩步提供支撑力的位置。

踩距：踩点到终步点之间的连线在水平面上的垂直投影的长。

踩高：踩点到终步点所在的水平面的垂直距离。

自然站立摸高高度：自然站立，脚跟不能离开地面，倾肩努力上举单臂，中指指尖到地面的距离。

踩纵摸高高度：踩击纵身到最高高度时，倾肩举单臂，中指指尖到地面的距离。

纯踩纵高度：踩纵摸高高度减去自然站立摸高高度。

在同条件下的踩纵，纯踩纵高度是衡量不同飞走者踩纵技能优劣的标准。

以单面的清水墙为踩击对象，区分飞走者的踩纵级别。

三级踩纵技能：纯踩纵高度达到 80 厘米

二级踩纵技能：纯踩纵高度达到 120 厘米

一级踩纵技能：纯踩纵高度达到 150 厘米

特级踩纵技能：纯踩纵高度超过 150 厘米

第一节　圆杆踩纵

借助圆杆进行踩击纵身，称为圆杆踩纵。圆杆可以横置，也可以斜置，还可以竖立，例如：小栅栏上的横杆、倾斜的支撑杆、竖立的旗杆。根据圆杆空间设置的形式不同，又将圆杆踩纵细分为：横杆踩纵、斜杆踩纵、竖杆踩纵。

一、横杆踩纵

【技艺载体选取】

可选一低矮围栏，上呈圆弧状的栏头圆杆，选取它作为我们横杆踩纵的技能载体。

①面对小围栏跑动，迈左步向栏头圆杆实施跨踩。（图 8-1）

②以左脚踩踏圆杆为支撑，身体上起，右腿屈膝跟进，这时身体瞬间在杆头呈金鸡独立姿，注意踩踏圆杆的左脚脚趾尽力下扣，使鞋底迎合圆杆的圆弧外表。（图 8-2）

图 8-1

图 8-2

③上体前倾，展膝蹬踏圆杆使身体向前上方弹射，右腿提膝向上纵步。（图8-3）

④左腿蹬离圆杆，提膝上收紧跟上纵步，身体腾空而起。飞走者即而达到踩击横杆纵身的目的。（图8-4）

图8-3

图8-4

二、斜杆踩纵

【技艺载体选取】

可选一倾斜树木的树干，作为斜杆踩纵的技艺载体。

①沿着与树干的垂直投影线成135°角的方向向树干跑动，跨步以足弓凹陷迎合树杆的圆弧外表踩踏在树干上。（图8-5）

②以右腿做踩蹬支撑，身体上起，左腿提膝跟进。（图8-6）

③身体面向邻旁墙体侧转，迈左步向墙面跨出，右腿展膝蹬击树干使身体上纵，至此飞走者通过踩蹬倾斜的树干使身体达到了一定的高度。（图8-7）

④通过墙面达到越墙的目的。（图8-8）

图8-5

图 8-6

图 8-7

图 8-8

三、竖杆踩纵

【技艺载体选取】

可选一平房旁的直立电线杆作为竖杆踩纵的技艺载体。

①与平房墙面成 60°角向电线杆跑动，迈右步向电线杆跨踩。（图 8-9）

②右脚跟外撇，以足弓凹陷迎合电线杆光滑的圆弧外表踩蹬在电线杆上，以此为踩踏支撑，左腿提步离地上起。（图 8-10）

③右脚蹬击电线杆使身体继续上起，同时左腿向房体墙面跨步寻求新的踩击，至此利用踩击竖直的电线杆达到向上纵身的目的。（图 8-11）

图 8-9

图 8-10	图 8-11

第二节　凸凹台踩纵

借助凸台、凹台进行踩蹬纵身，称为凸凹台踩纵。参照大面的凸起形成的台在这里称为凸台，参照大面凹进形成的台我们称为凹台。

凸台举例：窗上窗下横向连通起装饰作用的柱条凸起，参照墙体可视为凸台，依墙放置的一块方石，参照大地和高墙可视为凸台。

凹台举例：窗台就是窗的凹进形成的，所以参照墙的大面可视为凹台，地堡的瞭望口也形成了凹台。

凸凹台踩纵根据凸凹的不同，细分为凸台踩纵和凹台踩纵。

一、凸台踩纵

参见本章第四节图 8-24、图 8-25，它就是利用了凸台的踩击纵身使飞走者达到了一定的高度。

二、凹台踩纵

参见第十一章第二节图 11-13~图 11-15，它就是利用了凹台踩击纵身使飞走者达到了一定的高度。

第三节 墙面踩纵

借助墙面进行踩蹬纵身，称为墙面踩纵。

墙体根据它所采用的建筑材料的不同分为砖墙、混凝土墙、木质墙、石砌墙、夯土墙等；根据它在社会及建筑中的不同用途和功能可分为隔墙、承重墙、障碍墙、马头墙、前墙、后墙、女儿墙、山墙、外墙、内墙、围墙、房墙、城墙、楼墙等。

虽然墙有多种多样，但墙体平面踩纵是利用脚掌踩击墙面纵身的功夫，因而墙面的倾斜度和粗糙程度是我们所关心的。

外墙面不加粉刷或不贴面材料的砖墙称为清水墙；外墙面有粉刷或贴面材料的墙称为混水墙；外墙面光滑的墙称为光面墙，例如：清水混凝土饰面墙、喷涂、滚涂后呈现各种颜色的光面楼墙、屋内洁白的白灰墙、贴有瓷砖的装饰墙。外墙面粗糙的墙为糙面墙，例如：清水墙、露石混凝土饰面墙、粗石墙。

墙面平整，且墙面与地面成 90°角，踩击这样的墙体表面上纵的我们称为立面踩纵。墙面平整且墙面与地平面成角 α≠90°，70°≤α≤110°踩击这样的倾斜墙面上纵的我们称为倾面踩纵，书中不特指明为倾面墙的踩纵，一般都视为立面墙踩纵。

见图 8-12 这是踩击墙面欲纵的瞬间，图 8-13 是针对它所作出的力的图示。虚线

图 8-12

部分为墙的断面，O 点为踩点，设踩击墙面力量的方向与墙面成角 α=30°，α 角在这里被称为踩切角，箭头 F 踩击力 表示踩击墙面的力量大小和方向。

当力 F 踩击力 以 α 角施于墙面时，一部分力量对墙面施加了垂直的压力 F_1，而另一部分力量随着下踩变为下滑力 F_2，它的方向切于脚与墙的接触面，垂直向下。

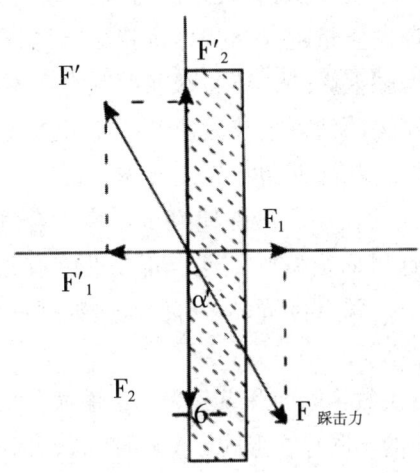

图 8-13 踩纵力的图示

根据作用力与反作用力的关系得出，在飞走者施与墙面压力 F_1 的同时，他也获得了反弹力 F_1' 的作用，F_1 与 F_1' 的力量大小相等方向相反，F_1' 的作用只能使人垂直弹离墙面倒退。下滑力作用墙面时会产生向上的摩擦力 F_2' 摩擦力，F_2 下滑力与 F_2' 摩擦力的大小相等，方向相反。

在 F_1' 和 F_2' 的共同作用下，会产生 F' 上纵力，它就是 F_1' 反弹力和摩擦力 F_2' 的合力，飞走者正是凭借这个力踩蹬墙面上纵，使身体获得提升。由力学知识可得出当 α=90°时，也就是垂直蹬击墙面摩擦力 F_2'=0，踩击力 F=反弹力 F_1'=压力 F_1，人被垂直弹离开，丝毫不能上纵。

当 α=0 时，踩击力 F=反弹力 F_1'=压力 F_1'=摩擦力 F_2'=0，实际上只要踩击墙面，α 角就不可能为 0°。

踩纵的难点也就是踩切 α 角的把握。α 角过大飞走者只能相对弹离墙面，并不能很好地上纵，α角过小，下滑力会大于最大静摩擦力，而使脚在墙面上下滑，踩击从而失去了力的支撑点。

　　对于不同种类的墙，对α角的大小都有不同的要求。例如在围墙踩纵中，要求α角要小，这样才能使身体纵起后距离墙头很近，便于抓够；在带有大挑檐的房屋的外墙踩纵中，要求α角度要大，这样才能使纵起后的身体让过挑檐，便于手抓够到距离墙壁较远的檐头。踩击力量与上纵力量成正比，施于墙面的踩击爆发力量越大，身体也就纵起得越高。踩蹬力量除了在与墙面上的瞬间踩蹬展膝上纵外，还与踩前助跑有密不可分的关系。踩前助跑使飞走者在较短距离运动到一个较大速度，使身体获得较大动能，从而以更大力量施于墙面踩击。踩前助跑不光使身体获得很大速度就可以了，还要在跑动中注意控制步伐的大小，最终使终步点最为合理，速度大、时间短，要做到步步心中有数这里面很微妙，这也正是助跑有很强的技巧性的体现，踩步力度、踩高、踩距、踩点位置、α角，这些数据的准确程度与终步点的位置有决定性的关系。

　　根据脚在墙面踩击次数将墙面踩纵分为一步踩纵、二步踩纵、三步踩纵。

　　根据脚在墙面踩击的不同存在形式，又将墙面踩纵分为单面墙踩纵和多面墙踩纵。单面墙踩纵和多面墙踩纵是针对于复步踩纵来说的，踩踏作用在同一墙体的称为单面墙踩纵，踩踏作用在不同墙体的称为多面墙踩纵，第十二章第四节（图12-63~图12-65）中的墙角踩纵和本节"三"中的巷道踩纵都为双面墙踩纵。

一、墙面一步踩纵

【技艺载体的选取】

可选一高3.6米房屋的侧向平整清水墙面作为我们踩纵的技艺载体。

①正对墙面跑动，迈左步向墙面实施跨踩。（图8-14）

②以左脚脚趾部踩蹬墙面为支撑，展膝使身体上起，两手臂同时上探。（图8-15）

③脚蹬离墙面，两腿伸直并拢，两手臂伸直，身体腾空纵起，至此飞走者利用一步踩击墙面使身体纵起了一定的高度。（图8-16）

图 8-14

图 8-15

图 8-16

二、墙面二步踩纵

【技艺载体的选取】

同墙面一步踩纵。

①正对墙面跑动,迈左步以脚趾部踩蹬墙面为支撑,右脚离地,提膝跟进。见图 8-14。

②提右腿向上部墙面实施第二步踩蹬。(图 8-17)

③右脚蹬击墙面,展身努力上纵。(图 8-18)

通过两次连续踩蹬墙面上纵使身体获得了一定高度,两手寻机抓够房檐,借此翻上房檐。

图 8-17

图 8-18

三、墙面三步踩纵

【技艺载体的选取】

可选巷道为前排房屋的后墙与后排院落前墙形成的两面墙作为我们墙面三步踩纵的技艺载体。

①在巷道中奔跑，左腿提膝，左脚向左侧房屋后墙实施踩蹬，身体随之纵起。（图 8-19）

②稍向右侧扭转身体，右脚向右侧围墙跨步，右脚踩蹬在院墙墙面上。（图 8-20）

③蹬离院墙墙面，扭身再跨左步向房屋后墙实施踩蹬。（图 8-21）

④蹬击房屋后墙墙面，努力向上纵身并伸手抓够房檐。（图 8-22、图 8-23）

这里的巷道墙面三步踩纵，属于两平行的双面墙三步踩纵，在第十二章第四节的图 12-63~图 12-65，为三角墙的三步踩纵，它属于两垂直的双面墙三步踩纵。

第八章 踩纵

图 8-19

图 8-20

图 8-21

图 8-22

图 8-23

第四节 混 踩

混踩顾名思义是混合踩纵的意思，它不是单一形式的复步踩纵，它将杆踩、凸凹台踩、平面踩任意组合，连续成复步踩纵。混踩是以单一形式踩纵技艺为起点，以高度协调、高度衔接、高度连续多形式踩击为侧重的综合踩击技巧，为此，混踩踩纵的多样化使它更具有克服复杂地形、复杂障碍的能力。

混踩综合了单一形式的踩技，所以它对单一踩技的调配、组合、协调、灵敏等都是一个不小的考验，在各种复杂条件下施展混踩纵身而起实为难中之难。

一、斜杆与墙面的混合踩纵举例

由图 8-5、图 8-6 的斜杆踩纵，再续之以提膝上左步向邻旁墙面跨踩，通过踩蹬墙面使身体上纵到一定高度，两手顺势搭墙头撑身而起，最后达到快速过越墙体的目的，见图 8-7、图 8-8。

二、凸台与墙面的混合踩纵举例

由图 8-24~图 8-27 可看到飞走者踩蹬房体上的凸台上纵，再提膝上步向上部的清水墙面实施第二步踩蹬，通过两次踩击后身体上升纵起达到一定高度，不失时机地把握檐头。

图 8-24

图 8-25

第八章 踩 纵

图 8-26

图 8-27

混踩的形式还有很多,在这里我们就不再一一列举了,注意多在现实生活中选取不同的技艺载体练习不同种混踩,以提高自己的综合踩技。

第九章　飞　扑

飞扑，即是纵起身体用腾空移动来克服水平间距或高度落差障碍的技能。由一处的起纵点快速移动到另一处的落身点，并通过手臂来完成定身，从而达到以利攀行的目的。

前面我们学习过跳纵，现在学习的飞扑与跳纵都有飞身的共同点，它们的区别主要表现在：跳纵的定身主要由腿脚来完成，而飞扑的定身主要由手臂来完成。

根据手臂的定身形式不同，可将飞扑分为飞扑抓握、飞扑盘抱、飞扑扣吊、飞扑撑身等。飞扑的实质是通过腾空移动来克服障碍，飞扑的对象就是手臂所要把握的定身点，根据飞扑对象的实物名称又可将飞扑分为平墙沿飞扑、挑檐飞扑、飞车飞扑、横杆飞扑等。

根据飞扑者与飞扑对象的运动参照，又可将飞扑分为同步运动飞扑与非同步运动飞扑。例如飞走者由一个飞驰的汽车向同向运动的火车飞扑时属于同步运动飞扑；由一个静止的汽车上向运动的火车飞扑属于非同步飞扑。由于速度上的差异，非同步飞扑比同步飞扑更难些。

第一节　扑抓架空横杆

【技艺载体的选取】

可选高 2.5 米的单杠作为该技艺的技艺载体。受训者可根据自己踏地纵身抓够单杠的能力选择起纵点。

第九章 飞 扑

①距离单杠 7~8 米快速跑动，迈步准确踏在纵身线上。（图 9-1）

图 9-1

②后腿跟进，并步屈膝蹲身，两臂用力后甩。（图 9-2）

图 9-2

③两脚以趾部蹬击地面，展身伸臂向前方斜射。（图 9-3）

图 9-3

④目视横杆,身体腾起以伸展状向横杆飞扑抓够。(图9-4)

图9-4

⑤两手与肩同宽抓握横杆,身体由于惯性被高高荡起。(图9-5)

图9-5

通过不断练习,可逐渐加大纵身线与横杆的垂直距离,在练习飞扑抓握中要注意加强荡体不松手的意识,以免发生危险。

第二节 扑悬杆

【技艺载体的选取】

可选杆栏式围墙与一训练设施上的悬杆作为该技艺的技艺载体。飞扑即是用来克服它们之间形成的间距障碍。

第九章 飞 扑

①目视悬杆，两手平端于体侧，蹲身做预备姿势。（图9-6）

图9-6

②两脚蹬击栏头，两手臂后甩继而前伸，展膝纵身向悬杆斜射。（图9-7）

图9-7

③腾空后，迅即提膝前收两腿，给空中运动助动，身体斜射继进。（图9-8）

图9-8

④两手抓握悬杆后，身体沿悬杆一侧做缓冲的荡体运动。（图9-9）

图9-9

在两手抓握悬杆后，注意两臂用力引导身体的运动方向，使还具有一定速度的身体避开悬杆，以免与之发生碰撞，发生危险。

第三节　扑固定杆

【技艺载体的选取】

可选杆栏式围墙与一固定的圆杆设施作为作为该技艺的技艺载体。飞扑即是用来克服它们之间形成的间距障碍。

①目视圆杆，两手平端于体侧，蹲身做预备姿势。（图略）

②两脚蹬击栏头，两手臂后甩即而前伸，展膝纵身向圆杆斜射。身体腾空后，提右膝向前跨步，两手前伸欲抓竖杆。（图9-10）

③右手臂抓撑圆杆，左手臂揽抓圆杆，前跨的右脚外开，以足弓凹陷部踩蹬在圆杆上。（图9-11）

注意右手臂抓撑圆杆起的是控制上体前冲，以免头胸部与圆杆发生碰撞的作用。左手臂揽抓斜拉主要配合右手臂使身体附着在圆杆上，以右脚足弓凹陷部踩蹬在圆杆上加大脚与杆的接触面用以增大摩擦。

第九章 飞 扑

图 9-10

图 9-11

第四节　扑圆柱

【技艺载体的选取】

可选围墙与一根电线杆，飞扑即是用来克服它们之间形成的间距障碍。

①在墙头上跑动。（图 9-12）

②两脚以趾部蹬击墙头，展身伸臂向圆柱斜射。（图 9-13）

③左手臂对圆柱按撑呈屈肘状，右手臂揽抱圆柱，左腿屈膝外开，以足弓凹陷处抵撑圆柱圆弧外表，右腿以脚内侧及小腿内侧配合左脚紧夹圆柱。（图 9-14）

注意：左手臂按撑起控制上体前冲，以免头胸部与圆杆发生碰撞的作用，右手臂揽抱主要配合左手臂使身体附着在圆柱上，左脚以足弓凹陷部迎合圆柱的外表作抵撑，这种抵撑实为一种"卡柱"的方式，它科学地利用了"脚扣"的力学原理，使身体在右腿的紧夹配合下别在圆柱上。

119

飞檐走壁——中国式跑酷

图 9-12

图 9-13

图 9-14

第五节　飞扑抓吊沿（檐）边

【技艺载体的选取】

可选两敞篷火车的车厢壁作为该技艺的技艺载体。飞扑即是用来克服两车厢相邻的外壁形成的间距障碍。

①身体在车壁沿上呈蹲身姿势，突然两脚蹬踏壁沿，展膝使身体前倾。（图9-15）

图9-15

②身体斜射，跨左足前迈。（图9-16）

图9-16

图 9-17

③两手前伸欲抓握车壁沿，两腿在空中呈迈步状，前脚欲向车壁踩蹬寻求支撑。（图9-17）

图 9-18

④两手抓握住车壁沿，迈步的左腿屈膝蹬在车壁上，右腿悬吊跟进，以趾部冲抵在车壁上，呈双臂吊拉、两腿错步踩蹬姿势。（图9-18）

两手准确抓住车壁沿，两腿起缓冲控制作用，此技能同样适用于克服两平行墙体形成的间距障碍。

第六节 扑 撑

【技艺载体的选取】

可选围墙与一高于围墙的房屋后墙作为该技艺的技艺载体。飞扑即是用来克服两墙之间形成的间距及水平落差障碍。

第九章 飞扑

①蹲身于围墙，突然两脚踩蹬墙头，引身前倾。（图9-19）

图9-19

②展身向房檐纵射。（图9-20）

图9-20

③身体腾空后，右腿提膝，右脚迈步，给空中运动助动。两臂伸于两侧，欲向下按撑墙沿。（图9-21）

图9-21

123

图 9-22

图 9-23

④两手臂按撑在房檐上，两腿随身跟进。（图 9-22）

⑤两腿合并，以脚趾部抵压在墙面上，身体呈檐头按撑姿势。（图 9-23）

在飞扑按撑房檐时，双臂承受的重力很大，所以手臂按撑房檐要注意利用缓冲技能，以免其受到损伤，在手掌接触房檐时，五指分开，瞬时要五指肚先着檐，最后再掌根着檐，在这两个动作之间五指要撑上力，两臂做的被动屈肘也是抵消这种"碰撞力量"的办法。

飞扑撑檐优于飞扑抓吊檐，因为它省去了由吊变撑的环节。

第七节　单臂定身飞扑

【技艺载体的选取】

可选围墙与房屋后墙高于围墙的作为该技艺的技艺载体。飞扑即是用来克服两墙之间形成的间距及水平落差障碍。

第九章 飞 扑

①一手持物，蹲身于围墙，突然两脚踩蹬墙头，引身前倾。（图9-24）

图9-24

②纵起腾空后，迈左步给空中运动助动，伸右手欲抓够房檐。（图9-25）

图9-25

③以右单手抓扣于檐上，右腿提膝速进，以脚趾部踩蹬在墙面上，左腿微屈跟进以脚内侧踩蹬在墙面上，身体最后呈单臂抓吊、两腿错步踩蹬姿势。（图9-26）

图9-26

125

由于它是单手抓吊，所以手臂承担的负荷量加大，不但要保证准确无误地抓扣檐头，还要在抓扣力度上有所加强，使身体安全附着于檐头而不下坠，此技适合于携物飞扑。

第八节　飞扑防火梯

【技艺载体的选取】

可选围墙与一楼墙上设置的防火梯作为该技艺的技艺载体。飞扑即是用来克服它们之间形成的间距与水平落差障碍。

①目视防火梯，蹲身站立。（图9-27）

图9-27

②两脚蹬踏墙头，展膝引身前探。（图9-28）

图9-28

第九章 飞扑

③身体腾空跃起，两腿微翘，挺胸，两手臂前伸欲抓够防火梯。（图9-29）
④提膝迈步给空中运动助动，直伸两臂努力抓握防火梯。（图9-30）

图9-29

图9-30

图9-31

⑤迈步的左腿以脚趾部冲抵在墙面作缓冲，后脚跟进，脚尖微挑以趾部冲抵在墙面，手臂直臂吊抓防火梯。（图9-31）

注意控制左腿屈膝速度，进行缓冲碰撞，此飞扑技能一般用于克服间距及水平障碍，来把握那些便于手臂抓握定身的物件，以便于飞走。

第十章　飞檐之技

飞檐乃属飞檐走壁中的檐头翻纵功夫。我们知道墙有墙头，屋有屋檐，楼有楼蓬，凸凹参差各有不同，如何飞身纵行欺高墙楼阁于足下，除了踩纵拔身以外，还要寻檐而起，百尺檐头更显身手，这就是继"走壁"之后的点睛之笔"飞檐"。

第一节　传统技法

一、单腿搭够式

①两手距离微宽于肩，抓扣墙檐；两腿紧并下垂，两脚尖微挑以趾部抵压在墙面上，身体呈墙体檐头抓吊姿势。（图略）

②以右脚尖抵压墙面为支撑，抽左腿提膝左脚上步，踩蹬在与右膝等高的墙面上。（图10-1）

③以左脚踩蹬墙面为支撑，双臂屈肘用力上拉，同时上右脚踩蹬在与左膝等高的墙面上。（图10-2）

④以右脚踩蹬墙面为支撑，抬举左脚以足内侧向檐头搭够。（图10-3）

图10-1

⑤身体借助左腿搭够与两臂上翻的力量上起，最后左手臂抓撑在里侧檐头，右腿随身体上拉与左腿并步于檐上，至此完成上檐的目的。（图10-4）

图10-2

图10-3

图10-4

二、探檐式

①前面三个动作同单腿搭够式。（图略）

②利用两臂屈肘上拉和右腿踩蹬墙面的力量使身体上起，当下巴高过沿头时，及时抽出右手向墙头里侧探抓墙檐。（图10-5）

③右臂斜拉、左臂上翻，右脚踩蹬，右腿展膝，最后身体被两手臂撑在墙头上。（图10-6）

④左脚上步，以前脚掌部踩踏在檐头上，达到上檐的目的。（图10-7）

图10-5

图 10-6

图 10-7

三、倒卷身式

①两手距离微宽于肩,以反手抓扣大挑檐檐头,两腿伸直并拢,自然下垂,身体呈背檐反手抓吊姿势。(图 10-8)

②两臂用力上拉,上体向后仰躺,两腿屈膝上仰。(图 10-9)

图 10-8

图 10-9

③上体继续向后仰躺,两腿展膝上蹿。(图10-10)
④两腿蹿上并下压贴至挑檐上,上体继续随倒卷身翻转。(图10-11)

图10-10

图10-11

⑤两臂上翻,上体上扬,使身体呈反手直臂趴撑。(图10-12)
⑥两手由反手变正手搭按于檐头,并推击檐头使身体后蹿,贴胸下伏,最后身体呈趴卧藏伏状。(图10-13)

图10-12

图10-13

四、倒撑越檐式

①两手微宽于肩,直臂撑身在檐头上。(图10-14)

②弓身下趴,身体担在墙头上,左手移至里侧檐头反手抓扣其上,伸右手臂倾斜按撑在墙面上。(图10-15)

③以两手臂做支撑,腹部用力弹击墙头引下肢奋力上扬。腹部弹离墙头,身体在墙头呈臂撑倾斜倒立状。(图10-16)

④两手继续用力附着墙体,让下肢快速优先下落。(图10-17)

图10-14

图10-15

图10-16

图10-17

第二节 吊檐变撑檐

一、蹲吊变撑檐

①两手臂微宽于肩，抓吊在檐头，身体呈檐头抓吊姿势。（图 10-18）

②突然以大腿部靠击墙面，以脚趾部抵压墙面作反弹，身体以斜拉状弹离墙面时，两腿做屈膝。（图 10-19）

③身体在回荡中，两腿迅速提膝，两脚以趾部踩蹬在墙面上，踩蹬高度以脚跟与臀部水平为准，这时身体呈檐头蹲吊姿势。（图 10-20）

④两脚用力踩蹬墙面，展膝上蹿，两臂同时配合用力上拉。（图 10-21）

⑤两臂由拉变屈肘撑。（图 10-22）

⑥两臂撑直，两腿伸直并拢并自然下垂，身体呈檐头直臂撑身状。（图 10-23）

图 10-18

图 10-19

图 10-20

图 10-21

图 10-22

图 10-23

二、挑檐蹲吊变撑檐

①身体呈檐头抓吊姿势。（图略）
②收腹上收两腿，使两腿踩蹬在墙面上，身体呈檐头蹲吊状。（图 10-24）
③突然做紧蹲，再展膝蹬击墙面上纵，事前也同时用力抓扣檐头上拉身体。（图 10-25）

图 10-24

图 10-25

④身体随势继续上起,两手臂由拉变屈肘上翻。(图 10-26)

⑤两手臂撑直,身体上蹿并随之拉直,最后身体变成檐头撑身姿势。(图 10-27)

图 10-26

图 10-27

三、大挑檐垂吊翻臂变撑身

①两手臂微宽于肩,抓吊在檐头,身体呈挑檐垂吊姿势。(图 10-28)

②突然双臂发力屈肘上拉,两腿屈膝上收,提供动力配合两臂发力使身体上蹿。收腹发力继续使下体上收,翻腕两臂由拉变屈肘撑檐。(图 10-29)

③两臂撑直,两腿伸直,身体呈檐头直臂撑身姿势。(图 10-30)

图 10-28

图 10-29

图 10-30

四、跑踩变撑檐

①身体在檐头呈抓吊姿势。（图略）
②突然以大腿部靠击墙面，以脚趾部抵压墙面作反弹，身体以斜拉状弹离墙面时，左腿快速提膝上步，以脚趾部踩蹬在墙面上。（图10-31）

图 10-31

③左腿发力踩蹬墙面，使身体上蹿，两手臂借机配合上拉。（图 10-32）

④身体蹿起后，上右脚踩蹬在墙面上，发力踩蹬墙面使身体继续上起，两手臂配合上翻。（图 10-33）

⑤两手臂撑直，两腿伸直并拢，身体最后呈檐头撑身状。（图 10-34）

图 10-32

图 10-33

图 10-34

第三节　上　檐

一、卡檐

①身体呈檐头撑身姿势。（图 10-35）

②腿根部靠击檐头反弹，两脚以趾部抵压墙面反弹，右腿借两反弹力屈膝上纵。（图 10-36）

③右脚以前脚掌部落于檐头，腿成蹲状；左腿伸直，左脚尖微挑，以脚趾部抵撑在墙面上用以支撑，身体半蹲于檐头保持平衡。（图 10-37）

图 10-35

图 10-36

图 10-37

二、侧蹲

①身体呈挑檐檐头撑身姿势。（图略）

②腿根部靠击檐头反弹，两腿乘势屈膝牵引弹力，沿左侧扭转上起。（图 10-38）

③抽左手臂让过沿左侧扭转而进的下体向檐里按撑，最后身体以直臂按撑侧蹲于挑檐上。（图 10-39）

图 10-38

图 10-39

三、骑墙

①身体呈檐头撑身姿势。（图略）

②腿根部靠击檐头反弹，两脚以趾部抵压墙面反弹，两腿乘势屈膝牵引弹力沿左侧扭转上起。（图10-40）

③起左腿与右腿分成人字形。（图10-41）

④抽左手臂让过沿左侧扭转的力量，向墙的里侧檐头抓够按撑，两腿分别直伸于手臂的两侧，两侧檐边的手臂将身体悬撑在墙头上。（图10-42）

⑤沉臀下坐，两腿分别夹墙于两侧，身体呈骑墙姿势。（图10-43）

图10-40

图10-41

图10-42

图10-43

四、正蹲

①身体呈檐头撑身姿势。（图略）

②腿根部靠击檐头反弹，两脚以趾部抵压墙面反弹，两腿乘势屈膝牵引弹力上起。（图10-44）

③两手臂屈肘展臂，推击檐头配合身体以蹲状上纵。（图10-45）

④两脚以前脚掌落于檐头，身体沉臀下蹲，两手臂重新按撑在檐头上，最后身体正蹲于檐头上。（图10-46）

图10-44

图10-45

图10-46

五、正坐

①身体呈檐头撑身姿势。（图略）

②腿根部靠击檐头反弹，两脚以趾部抵压墙面反弹，两腿乘势屈膝牵引弹力上起。（图10-47）

③身体上起收缩为紧蹲状，两臂伸直将身体悬撑于檐头之上。（图10-48）

④两腿向两臂之间掏出。（图10-49）

⑤屈臂沉臀下坐，身体正坐于墙里侧墙头之上。（图10-50）

图10-47

图10-48

图10-49

图10-50

六、马步

①身体呈檐头撑身姿势。（图略）

②腿根部靠击檐头反弹，两腿乘势提膝分腿上起。（图 10-51）

③上体随下体的上起而下弓，两臂用力按撑挑檐，悬撑身于檐上。（图 10-52）

④两脚以趾部落于檐上，两腿以马步站于檐上，最后身体呈直臂下撑马步站檐姿势。（图 10-53）

图 10-51

图 10-52

图 10-53

七、转体180°蹲身

①身体呈檐头撑身姿势。（图略）
②腿根部靠击檐头反弹，两脚以趾部抵压墙面反弹，两腿乘势屈膝牵引弹力沿左侧扭转上起。（图10-54）
③抽掉左臂让过沿左侧扭转而进的下体，以右单臂为支撑，继续扭转呈蹲状姿势。（图10-55）
④继续扭转。（图10-56）

图10-54

图10-55

图10-56

⑤身体在檐头上转体180°后，两腿分成与肩同宽并蹲于墙头上，两手臂直臂抓撑在檐角，最后身体呈墙头分膝蹲身姿势。（图10-57）

图10-57

八、横身趴卧

①身体呈檐头撑身姿势。（图略）
②腿根部靠击檐头反弹，两脚以脚趾部抵压墙面反弹，两腿乘势屈膝沿左侧扭转上起。（图10-58）
③伸腿、压臂、扭身，身体呈侧向横移状。（图10-59）
④抽左手让过左侧横身的力量向里侧按撑，正身沉腹两腿齐并上甩。（图10-60）
⑤两腿屈膝，使身体沉胸下伏，最后身体呈墙头横身趴卧状。（图10-61）

图10-58

图 10-59

图 10-60

图 10-61

九、前滚翻

①身体呈檐头撑身姿势。（图 10-62）
②腿根部靠击檐头反弹，两腿借反弹动力屈膝上起，上体弓身。（图 10-63）

图 10-62

图 10-63

③两手臂向下撑力，后脑及肩部落檐做前滚翻。（图10-64）

④背部着檐，身体呈翘腿仰躺状。（图10-65）

⑤两腿屈膝坐于檐上，上身收腹仰起。（图10-66）

⑥身体乘势前移蹲起。（图10-67）

图10-64

图10-65

图10-66

图10-67

第四节 越 檐

一、中掏越

①身体呈檐头撑身姿势。（图略）

②腿根部靠击檐头反弹，两脚以趾部抵压墙面反弹，两腿乘势屈膝牵引弹力上起。（图10-68）

③身体上起收缩为紧蹲状，两直臂将身体悬撑于檐头之上。（图10-69）

④两腿向两臂之间的中空伸出。（图10-70）

⑤两手手臂后推檐头，使身体离檐而下。（图10-71）

图10-68

图10-69

图10-70

图10-71

二、侧蹲越

①身体呈檐头撑身姿势。（图略）

②腿根部靠击檐头反弹，两脚以趾部抵压墙面反弹，两腿乘势屈膝沿左侧扭转上起。（图10-72）

③抽掉左手臂让过沿左侧扭转而进的下体，右手臂将身体悬撑于墙头之上。（图10-73）

④以右臂为支撑继续扭转身体，使身体呈蹲状越过墙头。（图10-74）

⑤单臂推击檐头，身体离檐而下。（图10-75）

图10-72　　　　　　　　图10-73

图10-74　　　　　　　　图10-75

三、侧越反撑

①身体呈檐头撑身姿势。（图略）

②腿根部靠击檐头反弹，两脚以趾部抵压墙面反弹，两腿乘势屈膝牵引弹力沿左侧扭转上起。（图10-76）

③抽掉左手臂让过沿左侧扭转而进的下体，右手臂将身体悬撑于墙头之上。（图10-77）

④以单臂为支撑，身体以蹲状扭转。（图10-78）

图 10-76

图 10-77

图 10-78

⑤伸左手臂按撑于里侧檐头。（图10-79）
⑥借机挪动右手臂向里侧檐头按撑，身体越过墙头下落。（图10-80）
⑦身体经180°的转体，以墙头撑身姿撑立于檐头。（图10-81）

图10-79

图10-80

图10-81

四、横身越

①身体呈檐头撑身姿势。（图略）

②腿根部靠击檐头反弹，两脚以脚趾部抵压墙面反弹，两腿乘势屈膝沿左侧扭转上起。（图10-82）

③抽左手臂让过沿左侧横身而进的力量，向里侧檐角按撑，继续用力引导下体向墙头里侧横移。（图10-83）

④下体横移过墙头，继而两手臂推击檐角离檐下落。（图10-84）

图10-82

图10-83

图10-84

五、坐檐越

①身体自然正坐于檐头。（图 10-85）
②扭腰转身，左手臂抓撑外侧檐角，右手臂抓撑里侧檐角。（图 10-86）
③大腿后部用力靠击墙头使身体反弹上起。（图 10-87）
④两臂屈肘用力撑身，扭转腰肢正身，两腿并齐上扬。（图 10-88）
⑤引下体向墙里侧横移，两手臂推击檐角离檐下落。（图 10-89）

图 10-85

图 10-86

图 10-87

图 10-88

图 10-89

六、滚越

①两手合握,以两前臂压于墙头上,两腿伸直并拢,两脚趾微挑,以脚趾部抵压在墙面上。(图10-90)

②腿、脚靠击檐头及墙面反弹上起,头部下栽,以后脑侧、肩部落于墙头,侧滚过墙头并下落。(图10-91)

图10-90

图10-91

七、前手翻越

①身体呈檐头撑身姿势。(图10-92)

②大腿靠击檐头反弹,两脚以趾部抵压墙面反弹,腿借两反弹动力屈膝上扬,上体弓身下栽。(图10-93)

③头向里,以后脑部抵压墙头之上,两脚展膝继续上扬。(图10-94)

④身体以两手臂、头做不规则倒立支撑。(图10-95)

⑤挺腹、甩腿,两臂展臂推击檐头,以前手翻动作翻过墙头并下落。(图10-96)

图 10-92

图 10-93

图 10-94

图 10-95

图 10-96

第十一章 围墙的快速过越

围墙属于墙体的一种。随着社会的不断发展，社会分工也越加繁杂起来，围墙随形势所需，建筑形势多样，有小菜园的篱笆墙，有具有安全感的居民住宅院墙，有注重树立企业形象的工厂厂区墙，有美化环境的公园装饰墙，有军事用地的警戒墙，有监狱高大的隔离墙，有为防止突发事件而在一些重要部门建筑的坚实防范墙。

不管是哪一类围墙，它都是土地占用者以其来圈定自己用地范围的标志，围墙对圈定的内部起屏障、隔离、保护的作用。

按围墙的屏障障目功能，将其分为透视墙和不可透视墙，我们主要以砖、石、混凝土的不可透视围墙作为我们讲解快速过越技法的技艺载体。

在墙体的快速过越中，将脚蹬离墙面直接越过墙头，或上至墙头毫不懈怠地越墙而下称为直接过越；将脚落于墙头，或身体在墙头有懈怠的越墙称为暂顿过越。

在学习各类过越中，要注意比较借助踩纵飞檐与第十章的檐头弹体助动飞檐有何不同。

第一节 1.5 米以下墙体的快速过越

一、踩纵前扑越

【技艺载体选取】

取一墙内和墙外地势相等，且高度在 1.5 米以下，宽 24 厘米的砖体墙作为该技艺的技艺载体。

①面对墙体跑动,迈步向墙面实施一步踩纵。(图 11-1)
②脚蹬击墙面使身体上起,上体弓身做伸臂前扑。(图 11-2)
③脚蹬离墙面,身体蹿起前扑过越墙头。(图 11-3)
越过墙头后,身体下栽,两手着地后,利用前滚身蹲起缓解冲力。

图 11-1

图 11-2

图 11-3

二、踩纵单臂撑身侧蹲越

【技艺载体选取】

取一墙内和墙外地势相等,且高度在 1.5 米以下,宽 24 厘米的砖体墙作为该技艺的技艺载体。

①面对墙体跑动,迈步向墙实施一步踩蹬,使身体上起。(图 11-4)

②以手臂搭按墙头撑身,脚蹬离墙面后,两腿屈膝沿一侧上收。(图 11-5)

③单臂撑身,身体呈紧蹲状越过墙头。(图 11-6)

图 11-4

图 11-5

图 11-6

两腿越过墙头后，用在墙头支撑的手臂推击墙头使身体离墙下落。

1.5米以下高度的墙体，一般用一步踩纵就可以使身体达到越墙所需要的纵身高度。不过，光达到越墙所需要的纵身高度还不够，因为单纯的踩击墙面上纵只是在竖直方向上获得了动力位移，而越过墙头是横向上的身体移动，因此在通过踩击墙面使身体达到纵身高度后，还要使它获得到越过墙头的动力位移。一般来说墙头是有支撑的过越，它的横向上的动力位移是：身体达到纵身高度时，不失时机地伸臂按撑墙头，使脚蹬离墙面后，身体获得新的支撑，以此支撑为枢纽依靠身体的协调定向移动能力横向引导这种力量。

踩纵前扑越属于墙头无支撑过越，它不依靠手臂为枢纽做墙头横向移动，它在脚踩蹬墙面的时间里，身体以墙面为支撑做横向上的前扑，当脚蹬离墙面时，更是加剧了这种横向上的移动。

1.5米以下墙体虽然有多种的快速过越方法，但它们大都离不开依靠踩纵拔身再连贯以飞檐的过越形势，所以在这里就不一一讲解了。学员可选取1.5米高度以下，宽24厘米的砖体墙，练习以一步踩纵拔身，并以下面列举的飞檐技法快速过越墙体。

暂顿过越：
①侧蹲墙头过越　　②正蹲墙头过越　　③马步墙头过越
④正坐墙头过越　　⑤180°转体蹲墙头过越

直接过越：
①侧蹲越　　②横身越　　③前手翻越
④侧滚越　　⑤中掏越

第二节　中等墙体的快速过越

中等墙体指高度在1.5~2.5米的墙体。

一、两步踩纵前手翻过越

【技艺载体选取】

可选公园的仿古式，墙高在2.2米左右的墙体作为该技艺的技艺载体。

第十一章 围墙的快速过越

①面对墙面助跑，在墙面施展两步踩纵，使身体上纵。（图11-7）
②两手臂按撑墙脊，脚蹬离墙面后甩腿上起。（图11-8、图11-9）
③上体弓身下栽，两腿继续后甩，身体继续翻转。（图11-10）
④在墙头做前手翻后，两手臂推离墙头脊使身体下落。（图11-11）
⑤身体下落后以马步站稳，两手臂平端于体侧起平衡作用。（图11-12）

图11-7 　　　　　　图11-8 　　　　　　图11-9

图11-10 　　　　　　图11-11 　　　　　　图11-12

二、拐角墙体混踩快速过越

【技艺载体选取】

可选两墙的交汇处，墙高 2.3 米，左侧墙体有一长方开口，内凹形成可利用踩蹬的凹台，取交汇的两墙体为该技艺的技艺载体。

①斜向于左侧墙体快速跑动，提左脚向凹台迈动。（图 11-13）

②左脚踩蹬在凹台上，右腿回收跟进。（图 11-14）

③迈右脚向右侧墙面跨出，左脚随之蹬离凹台。（图 11-15）

图 11-13

图 11-14

图 11-15

④身体上纵,右脚踩蹬在墙面上,两手臂分别按撑在墙角两侧墙头上。(图 11-16)

⑤右脚蹬击墙面反弹,身体沿左侧上起。(图 11-17)

⑥两腿紧收,两臂撑身以侧蹲状继续上纵。(图 11-18)

⑦呈蹲状的身体越过左侧墙头,两手臂推击墙头使身体离沿下落。(图 11-19)

图 11-16

图 11-17

图 11-18

图 11-19

以上动作分解的是越过左侧墙体的技艺，如果想越过右侧墙体，稍稍变动一下飞檐形式即可，在两手臂撑身以蹲状上纵后，抽左手臂，以右单臂为支撑，引导身体向右侧墙头过越。

随着墙体的增高，单步踩纵已不能适应快速过越墙体的需要，变单步踩纵为两步踩纵，用以提高纵身高度，使飞檐的技能更好地得到快速而有效的发挥。

1.5~2.5 米的中型墙有多种过越方法，它们也大都离不开依靠踩纵拔身再连贯以飞檐的过越形式，在这里也不一一讲解了，学员可选取 1.5~2.5 米高，宽 24 厘米砖体墙，练习以两步踩纵拔身，并以下列举的飞檐技法快速过越墙体。

暂停过越：
①侧蹲墙头过越　　　②正蹲墙头过越　　　③马步墙头过越
④正坐墙头过越　　　⑤180°转体蹲墙头过越

直接过越：
①侧蹲越　　　②横身越　　　③前手翻越
④侧滚越　　　⑤中掏越

第三节　高墙的快速过越

高墙指高度在 2.5 米以上的墙体。

一、两步踩纵抓够檐头过墙

【技艺载体选取】
可选高 3.5 米的围墙作为该技艺的技艺载体。
①面对墙面跑动，提膝上左脚向墙面实施第一步踩蹬，身体随之上起。（图 11-20）
②身体上纵后，提膝上右脚向墙面实施第二步踩击。（图 11-21）
③右脚踩蹬墙面展膝使身体上纵，倾肩上举单臂向檐头抓够。（图 11-22）
④抓够到檐头，身体呈单臂吊檐姿势。（图 11-23）

第十一章 围墙的快速过越

图 11-20

图 11-21

图 11-22

图 11-23

把握檐头后，任意选取一飞檐技法上至檐头。伏身两手抓扣墙外侧沿，使身体下滑，最终身体呈单臂吊檐姿势，再以一脚蹬击墙壁，使身体远离墙面跳落地面，至此达到了过越高墙的目的。

二、踩纵抓够翻越高地势墙

【技艺载体选取】

可选高 1.8 米的可透视砖体墙，它建在一高地势的边缘，由高地势形成的石砌断面形成了墙的墙基。砖墙再加上石砌的墙基共同构成了一道不可透视的高墙，取它作为该技艺的技艺载体。

①面对墙体跑动，迈左步向石基跨踩。（图 11-24）

②左脚踩蹬石基面使身体上起，提膝上右脚向石基面实施第二步踩蹬。（图 11-25）

③右脚踩蹬石基面使身体上纵，倾肩举右臂向砖体墙墙孔抓够。（图 11-26）

图 11-24

图 11-25

图 11-26

④手抓够住孔沿，身体附着在墙上。（图 11-27）

⑤拉臂使身体上移，站立于墙体的石基沿，举臂抓够墙头，提脚向墙孔踩蹬。（图 11-28）

⑥手脚并用上翻至墙头，并向墙内跳落。（图 11-29）

图 11-27

图 11-28

图 11-29

高墙的过越已不能像中、低墙那样飞檐走壁如履平地了，对于高 3.5 米左右的墙体，檐头距离我们头顶足有一人多高，这时能否越过墙体取决于是否能够通过踩纵抓够到墙檐。

踩击纵身抓够分为双手抓够和单手抓够。踩击纵身后齐举双手向墙檐抓够的称为双手抓够；踩击纵身后举单手向墙檐抓够的称为单手抓够。一般在遇到那种通过目测得出踩纵抓够墙檐不太有把握的情况下，都选择单手抓够，因为举单臂势必要造成倾肩，这一倾肩就使得抓够距离高出 10 厘米左右。在高墙纵身抓够墙檐中有时仅仅欠缺一两厘米也会痛失机会，使踩蹬纵身的努力前功尽弃。在相同踩纵的情况下，单手抓够要比双手抓够到檐头有把握得多。不过单手抓够也有它的不足之处，它附着檐头的力量不强，有时一旦失檐便一坠而下。另外在飞檐时它要比双手抓够多一个单手抓吊变双手抓吊的环节，因此单手抓够的越墙比双手抓够的越墙在速度上有所逊色。

在墙体的快速过越训练中，我们不难感觉到低、中型墙与高墙的飞檐在动

力来源上有所不同。在低、中型墙的快速过越中，横向上的飞檐动力很大程度上来源于踩蹬的上纵动力，也就是在竖直方向上还具有很强的上纵动力时就以飞檐的形式截获，引导这种力量使身体横移。而在高墙的纵身抓够后，由于纵身已近乎到了极限，所以上纵动力已趋近为零，飞檐已没有了可以借取的踩击上纵动力，所以只能在抓吊后通过重新动作助动，来施展其技艺。这与第十章讲述的起始为抓吊状再开始动作，吊檐变撑檐后再以靠击檐头助动飞檐的飞檐动力来源是一致的。

墙体的过越分为上墙、飞檐、下墙三个环节，过越墙体一般是有上就有下，由墙头下落到地面是三个环节中的最后一个环节。高墙距离地面高度是显而易见的，采用直接跳落会因为冲击力过大而损伤身体，如果不是在非常条件下，尽可能地采用不损伤身体的方式。如采用抓吊下跳，用以减小跳落高度，另外也可以利用附近低墙、低台等物体进行逐层跳跃，以分解这一大的落差，还可以利用树木、绳索、管道等下落到地面。

第四节　综　述

墙具有隔音的功能，它能将空间相对分成若干部分，因为围墙有圈定、合围、封闭的意义，生活中人们也就习惯于将圈定的内部称为墙内，圈定的外部称为墙外。

墙是在一定地势上的一个凸起，我们将这个"凸"分为两部分即"」"和"L"。"」"表示墙体对飞走者还是障碍的一方，"L"则表示飞走者过越墙体后所在的另一方。

墙的"」"方和"L"方地势相等的墙称为等高地势墙，地势不相等的墙称为不等高地势墙。我们将"L"方地势高的墙称为高势墙，将"L"方地势低的墙称为低势墙，因此同一面墙可能是高势墙，也可能是低势墙，这主要看飞走者向哪一方翻越，高势墙利下不利上，低势墙是利上不利下，一般不指明高势或低势的墙，都视作等高地势墙。

在过越墙体中，将事先熟知"L"方具体环境情况的称为知情过越，将对"L"方环境情况一无所知的称为不知情过越。例如训练场中的反复训练就是一种知情过越，在陌生环境中的墙体过越属于不知情过越。

在不知情过越中,虽然对墙体的另一方具体情况不明,但可根据遮掩不住而外露的建筑、设施及其他物体的局部来判断"凵"方地势和大概环境。

在技艺的真实实践中,大部分的过越都属于不知情过越。由于屏障的作用、飞走者对墙体的另一方环境情况一无所知,这时盲目翻越会具有无法预测的危险性,因此在快速过越墙体中,知情过越和不知情过越在过越形式上也有所不同。知情过越一般采取直接过越的形式,而不知情过越采用暂顿的过越形式,在墙头的暂顿停留会给自己一定的时间对"凵"方进行观察,从而依据真实情况采取相应的下落方式。

过越墙体的上墙和下墙在同一个位置的我们称为直切式过越,上至墙头后移动位置,重新选择位置下落的过越称为错位过越。直接过越都为直切式过越。

第十二章　单层房屋上法

建筑空间只是有一个层次的房屋，在这里称为单层房屋。双坡面瓦房、平顶的平房、古怪多变的花顶房都属于单层房屋，这种建筑常作为住宅、教室、厂房、门房、商店、门厅、办公室、营房、车库等来使用。本章将以各类单层房屋作为我们的技艺载体，来讲解蹿房越脊之道。

第一节　取道于门

一、取道于门扇

【蹿房路径选取】

可选高 4.5 米且房门开启的大库房作为我们的上房路径。

一般来说库房为了方便货物运输，门都设置得开阔高大，因此门的上沿也就距离房檐很近，上到门沿便可把握房檐，从而飞檐而上。图 12-1 为飞走者正在利用开启的门扇上攀高房。抓够、踩蹬便于把握大门里侧骨架上门，踏足于门上沿伸臂抓够房檐，再稍作努力便可达到上房的目的。

图 12-1

二、取道于门、门头窗

【蹿房路径选取】

可选高 4 米带有挑檐的平顶教室，取门及门头窗作为我们的上房路径。

①向房门快速跑动，迈左脚向门左侧的窗式通台台沿实施凸台踩纵。（图 12-2）

②踩踏门左侧通沿纵身抓够门头窗的防护钢筋。（图 12-3）

③侧向转身，迈右脚向门另一侧通台踩踏。（图 12-4）

图 12-2

图 12-3

图 12-4

④踏击通台台沿展膝纵身，举右手向房檐抓够，上纵一定高度时左手松离防护钢筋，以免阻碍上纵。（图12-5）

⑤单手抓扣房檐后，右手跟进抓够檐头，用以增加檐头的抓吊力度，之后任意选取挑檐的飞檐技法达到上房之目的。（图12-6）

图12-5

图12-6

三、取道于门头遮雨蓬

【蹿房路径选取】

可选高5米的训练大厅，取大门的门头遮雨蓬（大挑檐）作为我们上房的路径。

①跑动，迈左脚跨踩水泥高台，身体上起后，提右脚向通台踩踏。（图12-7）

②踩踏通台，身体上起，举两臂分别抓够檐与窗上通台。（图12-8）

③两脚交替踩蹬墙面，两手臂借势上翻，分别直臂撑于挑檐和墙沿之上。（图12-9）

图12-7

④脚蹬离墙面，双腿紧收上纵，之后蹲身于大挑檐上，最后再站立举臂抓够房檐，施展飞檐达到上房之目的。（图12-10）

图 12-8

图 12-9

图 12-10

第二节 取道于窗

一、取道于前窄窗

【蹿房路径选取】

可选高4米的带有挑檐的平顶教室,取前窄窗作为我们的上房路径。

①迈步对窗下墙面实施平墙踩纵,身体随之上纵,两手抓窗的防护钢筋,两腿屈膝踩蹬在窗的两侧。(图12-11)

②以两腿做踩蹬支撑,松手快速举臂引身向檐头抓够。(图12-12)

③根据窗上沿与房檐之间的墙面,正好利用蹲吊变撑檐技法,快速达到上房之目的。(图12-13)

图 12-11

图 12-12

图 12-13

二、取道于前大窗

【蹿房路径选取】

可选高 4 米的带有挑檐的平顶教室，取前大窗作为我们的上房路径。

①迈左脚对墙面实施平墙踩蹬，身体随之上纵，右腿紧跟提膝上步。（图 12-14）

②身体纵至窗台上方，两腿屈膝呈蹲状，两脚同时向窗台踏击。（图 12-15）

③两脚踩蹬窗台，展膝纵身并举臂向檐头抓够。（图 12-16）

④两手抓扣檐头，身体呈挑檐抓吊姿势，最后任选取一适合此挑檐的飞檐技法，快速到达上房之目的。（图 12-17）

图 12-14

图 12-15

图 12-16

图 12-17

三、取道于侧窗

【蹿房路径选取】

可选高 3 米带有挑檐的平顶房屋，取侧墙上的展示窗作为我们的上房路径。

①面向窗口快速跑动，迈右脚向窗台实施凸台踩纵。（图 12-18）

②踩蹬窗台，身体上起，同时做 180°的转体。（图 12-19）

③蹬离窗台，身体继续转体上纵完成 180°的转体，举臂反手向上探抓房檐。（图 12-20）

④两手抓够到挑檐后，身体呈垂吊姿势，最后再利用挑檐的倒卷身式飞檐技法达到上房之目的。（图 12-21）

图 12-18

图 12-19

图 12-20

图 12-21

四、取道于后窗

【蹿房路径选取】

可选高 3.5 米带有挑檐的平顶房屋，取房后的高窗作为我们的上房路径。

①正对窗的一侧跑动，迈右脚对高窗下的墙面实施平墙一步踩纵，身体随之上纵，上伸两手臂向窗台右侧抓够。（图 12-22）

②两手抓扣窗台，抬左腿向窗台另一侧搭够。（图 12-23）

③以单腿搭够式上翻至窗台，左腿屈膝蹲于窗台，右腿垂吊以右脚尖抵靠在墙面上，左手托窗上沿，伸右手臂抓够挑檐。（图 12-24）

图 12-22

图 12-23

图 12-24

④两手臂附着檐头站立于窗台后，使用技法使身体移动到窗侧，为单腿搭够式上檐的右脚寻求墙面踩蹬支撑。（图12-25）

⑤以单腿搭够式上翻，达到上房之目的。（图12-26）

图12-25

图12-26

第三节　取道于墙

一、取道于窗间的墙

【蹿房路径选取】

可选高3.5米的住房，取窗之间的墙面作为我们的上房路径。

①面对窗与窗间的墙面跑动，迈步对窗的通台实施跨踩，后脚随身体上起跟进，两手臂上伸向窗台抓够。（图12-27）

②身体在两通台间呈抓扣台沿站立姿势。（图12-28）

③右腿提膝，右脚上步，以脚趾部踩蹬在墙面上做支撑，抬左腿上搭于通台，以檐头单腿搭够式上翻，右臂撑身，抽左手臂抓够房檐，从而达到上房之目的。（图12-29）

第十二章 单层房屋上法

图 12-27

图 12-28

图 12-29

二、取道于窗间墙

【蹿房路径选取】

可选高 4 米带有挑檐的平顶房屋，取窗与窗间的墙面作为我们的上房路径。

①面对窗与窗间的墙体跑动，迈左脚对窗通台下墙面实施踩蹬，身体随之上纵，提膝上右脚向通台踩蹬。（图 12-30）

②右腿屈膝，右脚踩蹬在通台上。（图 12-31）

③踩蹬通台向上跃起，双手抓够挑檐。（图 12-32）

④蹬击墙面身体上纵，两手臂抓扣檐头用力上拉便可达到上房之目的。（图 12-33）

图 12-30

图 12-31

图 12-32

图 12-33

三、取道于窗旁侧墙

【蹿房路径选取】

可选高4米多楼房的偏房（耳房），取窗旁侧墙作为我们的上房路径。

①面对窗旁侧墙面跑动，迈步对窗通台下的墙面实施踩击使身体上纵，提膝上大步踩踏通台上起，提左膝，左脚上左步踩蹬墙面上纵，举臂抓够窗上通台。（图12-34）

②抓够窗上通台后，以一侧的手臂与脚将身体附着于檐下，抽另一侧手臂向房檐抓够。（图12-35）

③身体呈双手抓吊姿势，两脚蹬击窗上通台，以蹲吊变撑檐飞檐上至檐头。（图12-36）

④以抓杆侧蹲越过檐边防护栏，进入房顶，达到上房之目的。（图12-37）

图12-34

图12-35

图12-36

图12-37

四、取道于侧墙

【蹿房路径选取】
可选高 3.6 米的房屋,取房头带有通台的侧面山墙作为我们的上房路径。
①直对房体山墙快速跑动。(图 12-38)
②踩蹬在廊道上的通座台,迈步向墙上的通台跨出。(图 12-39)
③蹬离座台,身体呈腾空跨步姿势,飞步踏在通台上。(图 12-40)

图 12-38

图 12-39

图 12-40

④后脚跟进,两脚并步蹬击通台,展身上纵,举双臂向檐头抓够。(图12-41)

⑤抓够檐头后,身体呈垂吊姿势。(图12-42)

⑥两腿提膝上收,做蹲吊姿势。(图12-43)

⑦蹲吊变撑檐。(图12-44)

⑧利用飞檐完成上檐,达到上房之目的。(图12-45)

图 12-41

图 12-42

图 12-43

图 12-44

图 12-45

五、取道于侧墙的平整墙面

【蹿房路径选取】

可选高 3.5 米的房屋,取门房的侧面平整墙面作为我们的上房路径。
①面对墙体快速跑动,迈左脚对墙面实施踩纵。(图 12-46)
②踩蹬墙面使身体上起,提膝,上右脚欲向墙面踩蹬。(图 12-47)
③右腿屈膝,右脚踩蹬在墙面上。(图 12-48)

图 12-46

图 12-47

图 12-48

④脚踩蹬墙面展身上纵，伸臂向檐头抓够。（图 12-49）

⑤把握檐头后，再施以飞檐之技便可达到上房之目的。（图 12-50）

图 12-49

图 12-50

六、取道于门间墙面

【蹿房路径选取】

可选带间隔大门并带有连通挑檐的房屋高约 5.5 米，取大门与大门间的墙壁作为我们的上房路径。

①面对墙体跑动，迈左脚施展平墙踩纵踩蹬上纵，身体纵起后，提膝上右脚向上方墙面实施第二步踩纵。（图 12-51）

②右脚踩击墙面身体上纵，伸右手臂向檐下三角支撑架抓够。（图 12-52）

③以单臂抓吊在檐下。（图 12-53）

图 12-51

④两手抓握支撑架，两腿上收，两脚蹬抵墙面，身体呈抓握蹲吊姿势，抽右手臂向门头挑檐抓够。（图12-54）

⑤身体呈挑檐吊姿，施展蹲吊变撑檐技术。（图12-55）

⑥飞檐上至门头檐后，踩蹬墙面，纵身抓够房檐，把握檐后飞檐而达到上房之目的。（图12-56）

图12-52

图12-53

图12-54

图12-55

图12-56

第四节 取道于邻旁之物

一、取道于院墙

【蹿房路径选取】

可选高 3.5 米的房屋,取衔接于房体的院墙作为我们的上房路径。

图 12-57、图 12-58 所示的先上墙再上房的举措属于分步上房法,它将房体的高度分解为两个层次,这样上房就变得较为容易了。由于房体接有围墙,这在生活中极为普遍,加之此种上法对上房技术要求不高,所以在日常生活中它也就被大众广泛采用。

图 12-57

图 12-58

二、取道于软管

【蹿房路径选取】

可选高层建筑的偏房（耳房），取搭落在房体墙壁上的带有绝缘软管的电缆线作为我们的上房路径。

图 12-59 中所示动作为飞走者正在通过抓握软管踩蹬墙面上房，它属于一种利用房头搭落物上房法。

图 12-59

三、取道于电线杆

【蹿房路径选取】

可选高约 4 米的被废弃了的瓦房，取邻旁的电线杆作为上房的路径。

飞走者施展攀圆柱技法上攀（图 12-60）。攀到脚略高于檐头时，伸足于檐头，以此为支撑，侧向转体并推击电线杆上房（图 12-61），如果电线杆距离房顶较远，可施展离杆跳跃至房顶。

第十二章 单层房屋上法

图 12-60

图 12-61

由于输电线路为房屋的配套设施，所以竖立的电线杆在房前屋后极为常见，通过上攀电线杆再移身于房顶，这是一种使用频率极高的上房法。

四、取道于汽车

【蹿房路径选取】

可选居民住宅，取停靠一旁的汽车作为我们的上房路径。

图 12-62 中显示的汽车距离房屋很近，这时迈步就可踩蹬在墙面上，以此为支撑探身向房檐抓够，从而达到上房的目的。如果汽车距离房屋较远，这时可施展飞扑抓够的技法把握檐头达到上房的目的。

由于汽车是一个能随意移动的物体，所以此种上房路径可随时由汽车的停靠来制造，如果取自然停放一旁的汽车来上房，它属于徒手攀爬类；如果汽车是飞走

图 12-62

者为了达到上房的目的而刻意停放在一旁，为自己设置借助的，那么它就归属为借用工具类。借用汽车达到快速上房的方法军警和消防较为实用。

五、取道于隔墙

【蹿房路径选取】

可选居民住宅，房屋的后墙与后排房屋的院墙形成小巷，取相隔的院墙作为我们的上房路径。

动作分解参见图 8-19~图 8-23，它利用巷道的墙体三步踩纵达到上房的目的。除此而外还可以上至院墙，再施展飞扑技法把握对面的房檐，从而达到上房的目的。

六、取道于墙角

【蹿房路径选取】

可选高 3.5 米带有挑檐的房屋，取邻旁墙体与房体山墙垂直相接形成的墙角作为我们的上房路径。

①沿墙角跑动，迈左脚向左侧墙面实施踩纵。（图 12-63）

图 12-63

②踩蹬墙面使身体上起，提膝上跨右脚向右侧墙面实施第二步踩纵。（图12-64）

③右脚踩蹬在墙面上，再提膝上跨左脚向左侧墙面踩蹬，最后两脚分别踩蹬在墙角两侧墙面，两脚同时踩蹬墙面纵身抓够房屋挑檐。（图12-65）

④两手抓够到房檐后，两腿提膝上收，身体蹲吊檐下。（图12-66）

⑤飞檐以马步上至檐头。（图12-67）

图 12-64

图 12-65

图 12-66

图 12-67

飞檐走壁——中国式跑酷

第十三章 楼房的攀爬

两层以上的房屋称为楼房,多层次的空间使楼房具有高大耸立的外表。一般来说楼房建筑的上楼通道都设在建筑内部,有步行梯、电梯;也有设在建筑外部的通道,如楼外梯、外廊道等。飞檐走壁的精神所在就是避开这些正常通道,取无路于有路,因此楼房的攀爬也就变得极具创意了。

瓷面墙、玻璃墙都是新型装饰材料运用的结果,使楼体更加光泽,高科技下的高强力建材使建筑堆砌得更加高大,现代建筑新观念化设计使楼的建筑外型更趋于复杂多样化,这些建筑变化都给攀爬带来了前所未有的挑战。趋于展示纯人体运动的徒手攀爬相比于借用科技化工具的攀爬,不管是在解障手段上,还是在运动范围上都要局限得多。

本章例举十几种楼房的徒手上攀技法,以供飞檐走壁者练习上攀时拿出必要的解障手段。

第一节 楼门头遮雨篷上法

上法一:

【载体选取】

可选教学楼的楼门遮雨篷,檐头距地面3.2米,以它作为我们的上行目标。

①面对檐侧墙面跑动,踏台阶迈左脚对墙面实施第一步墙面踩纵。(图13-1)

②上纵后,提膝上右脚对墙面实施第二步踩纵。(图13-2)

③脚蹬击墙面,身体做面对挑檐的90°转体上纵。(图13-3)

④两手臂抓够檐头,身体呈檐头抓吊姿势。(图13-4)

第十三章 楼房的攀爬

⑤吊檐变撑檐。（图13-5）

⑥弹檐而上，初步实现第一个层次的上攀，再依据其上的建筑结构进行下一步的上攀，最终达到上攀楼房的目的。（图13-6）

图 13-1

图 13-2

图 13-3

图 13-4

图 13-5

图 13-6

上法二：

【载体选取】

同上法一。

①面对檐侧墙面跑动，踏台阶迈右脚对墙面实施第一步墙面踩纵。（图 13-7）

②上纵后，提膝上左脚对墙面实施第二步踩纵。（图 13-8）

③脚蹬击墙面，身体做背对挑檐 90°转体上纵。（图 13-9）

④两手臂以反手抓够檐头，身体呈檐头抓吊姿势。（图 13-10）

⑤倒卷身体上翻。（图 13-11）

⑥卷檐爬卧至雨篷上，初步实现第一个层次的上攀，再依据其上的建筑结构进行下一步的上攀，最终达到上攀楼房的目的。（图 13-12）

图 13-7

图 13-8

图 13-9

图 13-10

第十三章 楼房的攀爬

图 13-11

图 13-12

第二节 利用楼外表功能性附属物上攀

一、利用防火梯上攀

在楼房外表一般都备有坚固附着的铁制防火梯，它属于楼体的非常通道，防火梯的上攀方法非常简单，其技艺属人之动作本能，因此对其不再讲述。对于专业者，加强防火梯的上攀训练可以在速度及攀爬高度上优于常人。图 13-13 所示专业者正在训练防火梯的上攀。

二、利用雨漏上攀

【上攀路径选取】

可选附着在楼房外表的竖向铁管雨漏作为我们的上攀路径。

①两手一高一低相错抓握圆柱形

图 13-13

图 13-14

图 13-15

的雨漏,两脚一高一低以脚趾部踩蹬雨漏两侧墙面,注意身体一侧的手脚要高于另一侧的手脚。(图 13-14)

②用高处的右手紧抓雨漏,起低处的左手超于右手向上方抓握,用高处的右脚踩蹬墙面作支撑,起低处的左脚超于右脚向上踩蹬。(图 13-15)

上述动作交替使用就可以达到向上攀行的目的,沿途伸手就可够及任何一楼层的窗台。

三、利用避雷导线上攀

我们看到在一些楼房建筑中,楼外表附着有铁条或钢筋,由楼顶直通地面,这是起避雷作用的避雷导线。它也是我们可以利用上攀的建筑附属物,由于在建筑中它的功能只是导电避雷,所以对附着的坚固性(对人上攀附着身体的承重能力)不加考虑,因此攀爬时要对其做一定的安全检查。

避雷导线的上攀动作同于雨漏上攀,图13-16 中飞走者正在利用避雷导线上攀高楼。

图 13-16

四、利用脚手架上攀

【上攀路径选取】

可选横竖相间的楼体外围用脚手架，取横向间隔铁管作为我们的上攀路径。

①两手与肩同宽抓握横向铁管，身体自然站立下方的横管上。（图13-17）

②突然屈膝，再做展膝蹬管使身体上蹿，两手臂配合上翻呈横杆抓握撑身姿势。（图13-18）

③腿根部靠击铁管，两腿借势分开提膝上起。（图13-19）

图13-17

图13-18

图13-19

④两腿分开,以脚凹陷部踩在横杆上,身体呈马步抓杆蹲身状。(图13-20)

⑤抬头以目光锁定横杆上的抓握位置,抽两手起身向上抓够,最后身体又呈抓握横杆自然站立姿势。(图13-21)

上述动作反复交替进行便可达到上攀的目的。

图 13-20

图 13-21

第三节 利用建筑结构上攀

一、利用立柱上攀

【上攀路径选取】

可选楼房外廊道支撑柱的长方立柱作为我们的上攀路径。

①面对外侧柱角站立,两手分抓立柱对角,左腿提膝,左脚上步,脚外开以足弓凹陷处踩蹬柱角。(图13-22)

②左脚踩蹬柱角做支撑,两手臂配合斜拉,使身体上起,上右脚超于左脚向上方柱角踩蹬。(图13-23)

第十三章 楼房的攀爬

图 13-22

图 13-23

③两手交替上抓后，再提膝，后置的脚向上踩蹬，如此反复即可通过立柱上攀至每一层的外廊道。（图 13-24）

④飞走者利用立柱上攀楼房。（图 13-25）

图 13-24

图 13-25

二、利用墙柱上攀

【上攀路径选取】

可选楼房外墙柱作为我们的上攀路径。

①身体倾斜附着于墙柱一侧。高处手臂成斜拉状，低处手臂呈屈肘按撑状，两脚以足弓凹陷踩蹬于两侧柱角。（图13-26）

②用右脚足弓凹陷踩蹬柱角，用左腿内侧紧夹另一侧柱角，分别抽取左右手向上方抓够按撑。（图13-27）

③用两手臂附着楼柱，同时起左右脚向上方柱角踩蹬。（图13-28）

墙柱不同于立柱，它只外露有两个可以抓扣踩蹬的柱角，所以上攀较为不易，上述动作反复进行即可利用墙柱完成上攀。（图13-29）

图13-26

图13-27

图13-28

图13-29

三、利用墙柱与装饰柱上攀

【上攀路径选取】
可选楼房的构造墙柱和窗侧装饰柱，取两墙柱作为我们的上攀路径。

①两手抓扣在两柱柱角，左脚以趾部踩蹬构造柱侧面，右脚以足弓凹陷踩蹬装饰柱角，身体呈分臂抓扣半蹲撑姿势。（图 13-30）

②以两脚做踩蹬支撑，起身举臂向上抓够柱角。（图 13-31）

③两臂用力附着两墙柱，两腿上收，左脚以趾部踩蹬柱侧面，右脚以足弓凹陷踩蹬装饰柱角，身体恢复到原始的分臂抓扣半蹲撑姿势。（图 13-32）

图 13-30

图 13-31

图 13-32

四、利用雨漏与装饰柱上攀

【上攀路径选取】

可选两装饰柱与柱间雨漏作为我们的上攀路径。

①两手抓握雨漏于胸前，两脚分踩于两柱侧，身体以此姿附着于墙面上。（图 13-33）

②两手臂抓握雨漏用力上拉身体，两脚顺势上移。（图 13-34）

③身体上移后，又恢复到原始姿势，通过如此反复便可达到上攀的目的。（图略）

图 13-33

图 13-34

五、利用通台与雨漏上攀

【上攀路径选取】

可选横向间隔柱为楼窗的上下装饰通台，取窗通台与雨漏作为我们的上攀路径。

第十三章 楼房的攀爬

方法一：

①面对雨漏与窗间墙面跑动，实施混踩纵身抓够一楼楼窗上通台，呈自然站立姿势。（图13-35）

②右腿提膝，右脚上步踩蹬墙面做支撑，两手臂上翻，抬左腿向通台搭够。（图13-36）

③右臂直臂撑身，左手臂向上抓够雨漏。抽右手举臂向上通台抓够。（图13-37）

④左手臂跟进抓够通台，两脚自然站立于通台上，然后重复上述动作即可完成上攀目的。（图13-38）

图 13-35

图 13-36

图 13-37

图 13-38

方法二：

①面对窗侧墙面跑动，实施混踩纵身抓够一楼窗上通台。（图13-39）
②以单腿搭够式上翻，伸臂向二楼窗通台抓够。（图13-40）
③两手抓扣窗口通台，脚踩踏在通台上，运用技法向雨漏移动。（图略）
④移动至雨漏处，通过雨漏上攀至檐下。（图13-41）
⑤伸臂上探，抓够檐头飞檐而上。（图13-42）

图13-39

图13-40

图13-41

图13-42

第十三章 楼房的攀爬

由以上不难看出不利用雨漏同样可以上至二楼楼顶。

六、利用楼窗上攀

【上攀路径选取】
可选楼房的长条楼窗作为我们的上攀路径。
①两手臂屈肘抓扣楼窗上沿于胸前，脚类似于马步踩蹬在窗的两侧。（图13-43）
②突然两脚踩蹬窗两侧墙壁，两腿展膝使身体上起，两手松离窗沿向上层的窗台台沿抓够。（图13-44）
③两手抓够到窗台沿。（图13-45）

图 13-43

图 13-44

图 13-45

④抓窗台上攀至窗台上。（图13-46）

⑤沿窗上爬至窗的上部，两手臂屈肘抓扣楼窗上沿于胸前，脚类似于马步踩蹬在窗的两侧，这时动作又回到起始状。（图13-47）

此利用楼窗的上攀，难点在于克服窗与窗间的间隔距离，这个间隔距离都是等同的，能够突破一个层次的障碍，那么逐层上攀便可迎刃而解。

图13-46

图13-47

七、用装饰柱与楼窗上攀

【上攀路径选取】

可选横向柱为窗台，竖向柱为窗的装饰柱。取装饰柱与楼窗作为我们的上攀路径。

方法一：

①两手附着在窗上通台台沿上，站立于窗台上。（图13-48）

②两手臂用力屈肘拉身，上右脚踩蹬窗架使身体上起，伸手臂抓扣窗侧的竖向装饰柱柱角。（图13-49）

第十三章 楼房的攀爬

图 13-48

图 13-49

③右臂撑直,右腿穿过左腿与墙形成的间隙,踩抵在竖柱与横柱交汇形成的内凹角。(图 13-50)

④左手臂斜拉身体,右腿蹲起,抽右手臂随着起身向上层的窗台台沿抓够。(图 13-51)

图 13-50

图 13-51

⑤两手抓扣于上层窗台台沿，两脚踩蹬在下窗的上通台，身体呈站立姿势。（图13-52）

⑥以单腿搭够式上翻窗台。（图13-53）

图13-52

图13-53

⑦上至窗台后站立，两手抓于窗上通台，身体恢复到原始的姿势。（图13-54）

图13-54

第十三章 楼房的攀爬

方法二：

①沿窗上攀，右脚踩蹬在窗棂上，伸左手臂抓扣于窗侧竖向装饰柱的柱角，上左脚以脚趾部踩蹬抵在竖柱与横柱交汇形成的内凹角。（图13-55）

②右手臂按于通台用力撑直，上收右脚与左脚并于通台上。（图13-56）

图 13-55

图 13-56

③左手臂附着于窗侧竖向柱斜拉，身体紧贴墙面上起，右手臂向上层通台台沿抓够。（图13-57）

图 13-57

图 13-58

④右手臂抓够到窗台，右腿开拉用以增大稳定性，身体呈手臂附着站立姿势。（图 13-58）

如此重复上述动作便可达到上攀高楼的目的。

第四节　夹道上攀

一、背靠倒脚式上法

【上攀路径选取】

可选两建筑间的中空为紧挨的两楼侧面形成的夹道，取间距为 80~100 厘米的夹道作为我们的上攀路径。

①右腿横直蹬撑在墙面，左腿紧蹲以脚掌蹬压于墙面，用臀及腰背部抵靠在墙面，两手臂手心面对墙撑于两侧。（图 13-59）

②两手上移，手臂屈肘时按撑在墙面上后，用手掌推击墙面展臂使身体上起，左腿展膝向后蹬墙面配合两臂使身体上起。（图 13-60）

③身体上起后，以臀及腰背部抵靠在墙面，伸成屈状的左腿横直踩蹬在右脚上方的墙面上，这时抽换右腿以屈膝状蹬压在下方墙面上。（图 13-61）

上述动作往复就形成了规律化的上攀运动，此背靠倒脚式上法适合于小夹道的上攀。

第十三章 楼房的攀爬

图 13-59

图 13-60

图 13-61

二、大字型上法

【上攀路径选取】

可选两建筑间的中空为紧挨着的两楼侧面墙形成的夹道，取间距为100~150厘米的夹道作为我们的上攀路径。

①两手分开横撑于夹道，两腿分成倒"V"形，脚外开以脚掌部踩蹬在墙面上。（图略）

②两手臂用力抵撑于两侧墙壁，两腿上移，以屈膝状向墙上方踩蹬，由于两腿的上踩，身体大致呈现屈膝、撅臀、弓身特征。（图13-62）

③两脚踩蹬两侧墙壁展膝起身，两手臂向上方墙壁移动并用力抵撑于两侧，这时身姿又回到原始的夹道大字型支撑状。（图13-63）

重复上述动作就形成了规律化的上攀运动，此大字型上法适用于中型夹道的上攀。

图 13-62

图 13-63

三、横身式

【上攀路径选取】

可选楼房内凹构造形成了夹道，取间距为150~200厘米的夹道作为我们的上攀路径。

①身体横身撑于两墙壁间。（图13-64）

②抽左手臂向上方墙壁按撑。（图13-65）

③抽右手臂与左手臂按撑于一水平线上。（图13-66）

第十三章　楼房的攀爬

图 13-64

图 13-65

图 13-66

④起左腿向上方墙蹬撑。（图 13-67）

⑤起右腿与左腿并步蹬撑在墙面上，身体恢复到原始状。（图 13-68）

重复上述动作就形成了规律化的上攀运动，此横身式上法适用于间距比较大的夹道。

图 13-67

图 13-68

211

第五节 间接上攀

上攀楼房除了利用建筑自身的附属物及建筑结构外，还可以像蹿房一样灵活利用周围空间的地形地物达到上攀目的。

图 13-69 就是飞走者利用接于楼房的围墙，进入二楼外廊道的实例。图 13-70 中楼前高大树木就是极好的上攀路径。还有图 13-71 中可以先通过上攀吊车梁架，再达到上攀楼房的目的。像这些不直接上攀楼房的上攀都称之为间接式上攀。

图 13-69

图 13-70

图 13-71

第十四章　围栏过越

栏杆式围栏属于可透视围墙的一种，由于它线条简洁、经济而美观，因此也就成为现代社会所普遍采用的更趋于美化环境的空间与空间相对隔离的一种墙型。因为极其普遍，所以如何快速过越围栏也就变得极其重要。

栏杆式围栏由于它的可透视性，在越栏前的跑动中就可以根据围栏的表现形式以及栏内的情况来选择最直接、最恰当的越栏方法，以便快速准确地实施越栏。这种良好的短时间分析、判断、选择、实施的能力来源于越栏技能的多样化储备及长期习练的经验。

以下图片中出现的围栏是带有大多围栏共同特点的，以此作为我们越栏的技艺载体，有针对性地设计出10种不同的快速过越方法。今后在实际越障中遇到与此围栏在外型上有差异的，可依此技艺表现出的设计理论灵活变通，活学活用。

第一节　倒立撑身过越式

①向围栏正面跑动，左迈脚踩踏基座，两手同时向上抓杆头。（图14-1）

②后脚跟进，两脚并步，做抓握横杆屈膝下蹲动作。（图14-2）

③展膝上弹，并在纵起至胸过横杆时，借势用力翻臂上撑加以配合上起，最后身体呈栏杆直臂撑体姿势。（图14-3）

④弯腰向下躬身，以小腹抵压在横杆上，下伸右手紧紧抓握竖向栏杆，左臂随机变反手抓握横杆，双腿吊立微翘。（图14-4）

⑤迅速收腹弹压横杆，双腿绷直并弹腹上扬，身体呈手臂抓撑栏杆倾斜倒立式。（图14-5）

⑥扭腰，使下体远离栏杆下落。（图14-6）

图 14-1 　　　　　图 14-2 　　　　　图 14-3

图 14-4 　　　　　图 14-5 　　　　　图 14-6

第二节　柱面踩纵横身越栏式

①平行于围栏跑动，迈左脚踩蹬立柱侧面上纵。（图 14-7）

②身体随踩蹬纵起后，迅速屈膝回收左腿，身体呈瞬时腾空状。（图 14-8）

③右脚前蹬，承担第二步踩蹬任务，右腿展膝，右脚蹬击墙面使身体纵起，左手以虎口搭柱头，右手抓握横杆。（图14-9）

④右脚蹬离柱面，腿屈膝与左腿齐并上扬，两臂用力支撑沉胸以相配合。（图14-10）

⑤两臂用力继续做承重支撑，下体展膝高高扬起，身体呈横起悬空卧撑状。（图14-11）

⑥右臂屈肘撤手，并引导身体向栏内横移下落。（图14-12）

图14-7

图14-8

图14-9

图14-10

图14-11

图14-12

第三节　蹲身弹体撑身侧越式

①通过助跑左脚向栏杆弧线基座跨踩。（图 14-13）

②左脚前脚掌稳健地踩踏在基座沿上，伸臂两手微宽于肩，抓握栏上横杆，后脚跟进。（图 14-14）

③在左脚踩踏基座后，顺势屈膝下蹲，右脚跟进与左脚并步齐蹲。（图 14-15）

图 14-13

图 14-14

图 14-15

④迅速顿足展膝向上弹起，随着身体上纵，双腿逐渐屈膝向左侧上收成侧蹲状，双臂由斜拉变为屈肘撑身。（图 14-16）

⑤双臂用力撑身，配合下体沿左斜向上扬，最后身体以侧蹲的姿势被双臂高高撑起。（图 14-17）

⑥左手松开，引导力量向前，使身体以单臂撑杆的形式侧越过横杆，并平衡下落。（图 14-18）

图 14-16

图 14-17

图 14-18

第四节　踩纵扑撑弹越式

①迅速向门柱正面跑动，迈左脚实施第一步踩柱上纵，两臂保持自然摆动维持平衡。（图14-19）

②右脚跟进后向门柱实施第二步踩踏，身体向左侧门栏斜向上纵，伸臂欲扑撑横杆。（图14-20）

③两手相距微宽于肩，正手抓握围栏横杆，身体呈直臂撑杆姿势。（图14-21）

图14-19

图14-20

图14-21

④利用大腿弹杆上纵技法上弹，上体弓身，两臂屈肘撑力，下体呈左侧蹲上扬。（图 14-22）

⑤撤左臂让路，引导身体向门栏里侧运动，最后做单臂支撑下跳。（图 14-23）

图 14-22

图 14-23

第五节　柱式踩纵撑栏侧越式

①正对立柱跑动，上左步实施第一步柱面踩纵，身体随之上起，后腿随之紧跟提膝上步。（图 14-24）

②右脚实施第二步踩踏，踏击柱面引导力量向左侧上移，身体向左侧围栏扑纵。（图 14-25）

③右脚蹬离柱面后，瞬间两手臂抓撑在横杆上，下体毫不停息地利用惯性，沿左侧上摆。（图 14-26）

④两臂近乎撑直，身体以左侧蹲身状高高扬起，全部身体被撑在横杆之上。（图 14-27）

⑤撤左手让路，引导身体向前方移动，最后以单臂撑身的形式下落。（图 14-28）

图 14-24

图 14-25

图 14-26

图 14-27

图 14-28

第六节　踩纵撑柱侧越式

①正对门柱积极跑动，左上脚实施第一步踩纵，身体随之纵起。（图 14-29）

②右腿屈膝前伸，右脚实施第二步踩纵，当身体纵起至胸部过柱头时，双

手搭按在柱头。（图 14-30）

③右脚蹬离柱面，右腿屈膝右起上摆，双臂用力撑身配合身体上纵，最后上体躬身，下体呈右侧蹲状高高扬起。（图 14-31）

④右扭身，双腿展膝向门栏里侧引导运动，双臂继续撑身，并随身体的扭身而扭动。（图 14-32）

⑤下肢越过横杆后，双臂用力推立柱，使身体远离立柱及围栏，顺利下落。（图 14-33）

图 14-29

图 14-30

图 14-31

图 14-32

图 14-33

第七节　踩纵分腿越柱式

①面对围栏墙柱快速跑动，迈左脚实施第一步踩柱并向上纵起。（图14-34）

②右腿提膝，右脚跟进实施第二步踩柱面踩纵，当上纵至腹部与柱头等高时，两手搭按柱头。（图14-35）

③两臂用力撑身，右脚蹬离柱面，两腿屈膝上收然后外分，上体配合下弓。（图14-36）

图 14-34

图 14-35

图 14-36

④两臂用力撑直，两腿分开成人字形，上体继续保持弓身下压。（图 14-37）

⑤上体引力前倾，以手掌用力推击柱头，使身体推离立柱，双足前探下跳。（图 14-38）

图 14-37

图 14-38

第八节　凸台柱面混踩横身越栏式

①助跑方向与围栏成角 30°，跨右脚踩踏围栏弧线基座，两臂自然摆动维持平衡。（图 14-39）

②左脚迅速跟进并前迈，踩蹬立柱侧面上纵（由于立柱被围栏一分为二，所以踩蹬面极其狭小，因此要注意动作准确）。（图 14-40）

图 14-39

图 14-40

③身体随左脚的踩蹬纵起后，左手搭按柱头，另一手抓握横杆，两手距离略宽于肩。（图14-41）

④左脚用力蹬离柱面反弹，两腿齐并上扬，最后身体呈屈膝上扬卧撑状。（图14-42）

⑤两腿用力蹬直，展膝成卧撑横身状，最后引体向栏头内侧横移，越过栏头下落。（图14-43）

图 14-41

图 14-42

图 14-43

第九节　凸台柱面混踩撑柱侧越式

①跑动方向与围栏成角45°，跨右脚踩击与门柱垂直的水泥台。（图14-44）

②在踩踏水泥台注意转向引导力量，使运动直对立柱，并向立柱上步实施

立柱踩蹬。(图 14-45)

③左脚踩蹬柱面展膝上纵,身体上纵借机双手臂搭撑柱头。(图 14-46)

④左脚用力蹬离柱面,两腿随势屈膝,沿左侧上摆,双臂用力撑身配合下体上收,上体弓身下压。(图 14-47)

⑤以两臂为支撑并做侧蹲状越栏,当下体越过横杆后,两手推击柱头,使身体远离立柱,斜射地面下落。(图 14-48)

图 14-44

图 14-45

图 14-46

图 14-47

图 14-48

225

第十节　踩纵倒掏式越栏

①平行于围栏跑动，跨左脚对门柱侧面实施第一步踩蹬。（图14-49）

②右腿跟进屈膝上抬，右脚实施第二步立柱踩蹬，上纵过程中向右侧转体90°，伸右手抓撑柱头，另一手伸出欲寻抓横杆。（图14-50）

③左手臂抓撑横杆后，两腿齐并屈膝上收。（图14-51）

图14-49

图14-50

图14-51

④随着两腿屈膝上收，上体继续向下弓身，两膝蜷至胸下，身体呈双臂直撑紧蹲状。（图 14-52）

⑤两臂保持承重支撑，两腿从两臂间以屈膝状向栏里侧掏出，最后越栏下落。（图 14-53）

图 14-52

图 14-53

第十五章 综合的攀爬过越

前面我们学习过诸如跳纵、踩纵、飞扑、飞檐、墙体过越、蹿房越脊等专项技能和单一门类的攀爬过越，仅仅学习这些还不够，因为在实战中，飞走者遇到的障碍并非是训练场上设置的障碍，它可能是多样化的群体障碍，这个群体障碍可能是在同水平地面上的多形式起伏障碍，也可能是在不等高地面上有递进、递退和高低落差式的障碍，也可能是物体与物体间形成的间隔障碍等。

一种技能往往只能相应地解决一种障碍难题，因而为了达到攀爬过越的目的，得根据实地多障碍的特点有针对性地依次拿出多种解障技能。对于综合障碍要有能力按照障碍的排布特点拿出全面综合的技能来逐一破解，这就要求要有能力将不同种解障技艺快速有机地联系起来。

翻过一山，又露险峰。在实战中随着破解障碍的完成，又会不断地有新型障碍出现，破解不同的障碍就会有不同的特定动作，破解了一个障碍后又投入到另一个障碍的破解中，这时飞走者也由一个特定动作转变为另一个特定动作，这之间障碍与障碍格局决定了动作转换的时间。这个转换时间越短要求的动作协调性也就越高。

在过越障碍中，动作转换时间如果较长，这时飞走者可以有意识地自我放松，这样有益于缓解因紧张带来的僵固。但放松的同时，也要有紧迫感，要做好应对新障碍的思想准备，以便积极调整技战术来适应新的形势需要。

第一节 综合技艺运用举例一

①廊阁内奔跑，向亭阁柱间的座台跨步，最后并步弓身站于座台上。（图15-1）

②迅速蹲身，两手用力后甩，两腿展膝蹬击座台向前方的石栏实施180°转体跳跃，身体随之腾空扭转。（图15-2）

第十五章　综合的攀爬过越

图 15-1

图 15-2

③目视落点，准确使两足向石栏着落。（图 15-3）

④身体在空中扭转 180°后，稳健地站落在栏头之上，随后毫不停歇地向下蹲身。（图 15-4）

⑤蹬击栏头，展身飞扑抓够亭阁的檐头，从而把握檐头飞身而上。（图 15-5）

图 15-3

图 15-4

图 15-5

【点评】

在这套动作中，将跨台、180°转体跳纵、飞扑抓够、飞檐等技艺紧密联系在一起，使动作流畅、美观、迅速。

这里值得一提的动作是从座台到栏头的移身，因为如果采用直面的双蹦跳或跨跳定身于栏头后，身体将背对檐头，还要在栏头上移步转身进一步调整方向，这样一来动作既繁又拖。因此180°转体跳纵的恰当运用，使转体这一必须的动作在空中腾身位移中已完成，这样既简化了中间环节，增强了速度感，又在很大程度上美化了空中移动的身姿。

第二节　综合技艺运用举例二

①在围墙外向围墙跑动，实施墙面两步踩纵再接一个马步飞檐迅速上至墙头，目视围墙内房体的后窗窗台并向下弓身。（图15-6）

②蹬击墙头，纵身向前方的窗台飞扑抓够。（图15-7）

③身体通过空中腾移后，以手臂附着于窗下。（图15-8）

图15-6

图15-7

图15-8

④沿窗上翻。（图15-9）

⑤踩踏窗台，起身抓够房头挑檐，身体垂吊于檐下，据此再把握檐头飞身而上。（图15-10）

图15-9

图15-10

【点评】

在这套动作中，将墙面踩纵、马步飞檐、飞扑、抓够、上攀、飞檐等技能紧密地联系在一起，使行动快速有效。

这里面值得一提的是从围墙到房体后窗之间间隔障碍的快速克服，如果我们按照常规越障前行的走法，那么就是从围墙上跳下，再来到房体的后窗下，再实施踩纵纵身把握窗台，再沿窗上翻，而飞扑的合理利用使身体可以直接腾移至窗上，将地面的活动全部免除，这样既节约了时间，又体现了一个飞走者所应具备的特殊解障能力。

第三节　综合技艺运用举例三

①面对围墙跑动，实施二步墙面踩纵。（图15-11）

②踩击墙面上纵后，两手臂借势按撑墙头，两腿侧向屈膝上收。（图15-12）

③身体用侧蹲飞檐技法上于墙头后,两手抓握墙两侧沿边向前做滚翻运动。(图 15-13)

④连续做两个前滚翻后蹲起。(图 15-14)

⑤向前奔跑。(图 15-15)

图 15-11

图 15-12

图 15-13

图 15-14

图 15-15

图 15-16

⑥两腿并步蹬击墙头向邻旁的电线杆斜射而出。（图15-16）
⑦飞扑定身在电线杆上。（图15-17）
⑧反身离杆下跳。（图15-18）

图15-17

图15-18

【点评】

在这套动作中，将墙面踩纵、侧蹲飞檐、墙头前滚翻、墙头奔跑、飞扑电线杆、离杆跳等技艺紧密地联系在一起，使动作线条流畅、轻巧、美观、具有很强的观赏性。

这套动作一看就知道是属于表演性质的杂耍，在这里值得一提的是技艺载体并不复杂，一道围墙、一根电线杆，可是却将多种技艺通过这一简单的技艺载体表现出来，可见动作设计的巧妙和技艺的美妙展示。

第四节　综合技艺运用举例四

①面对房屋大窗跑动，迈左脚踩蹬窗下墙面。（图15-19）
②踩蹬墙面纵起后，提膝上右步向窗台踩踏。（图15-20）
③两脚并拢，两手扶窗以马步站于窗台上。（图15-21）

图 15-19

图 15-20

图 15-21

④侧向转身纵身向邻旁房檐扑纵。（图 15-22）
⑤飞扑抓够到房檐，两腿上收使身体呈檐头蹲吊状。（图 15-23）
⑥施展飞檐技能，马步站于檐上。（图 15-24）

图 15-22

图 15-23

图 15-24

⑦两手抓扣大房的"V"形檐边，顿足使身体上蹿。（图 15-25）
⑧两腿屈膝上收上至大房房顶。（图 15-26）

图 15-25

图 15-26

【点评】

在这套动作中，将踩纵、转体飞扑、吊檐变撑檐等技艺连贯起来，使飞走者快速达到上至高房的目的。

我们可以看出这套实用性极强的动作科学合理地将周围环境利用起来，将踩纵、飞扑、飞檐三个层次的高度障碍逐一克服消化，最终完成高房的上攀。

第五节　综合技艺运用举例五

①沿角分线向墙角跑动，迈左脚向左侧砖墙跨踩。（图 15-27）
②踩蹬砖墙使身体上纵后，提膝上右步向右侧水泥墙面跨踩。（图 15-28）

235

图 15-27

图 15-28

③踩蹬水泥墙面使身体上起到一定高度，右手搭按墙头，在墙头做两个檐头转体后身体呈墙头撑身姿势。（图 15-29~图 15-31）

图 15-29

图 15-30

图 15-31

④施展墙头撑身弹体前手翻达到过越墙体的目的。（图15-32、图15-33）

图15-32

图15-33

【点评】

在这套动作中，将双面墙两步踩纵、檐头撑身转体移动、前手翻飞檐过越等技艺紧密地联系在一起，使动作清新流畅。

我们注意到飞走者虽然利用这套动作达到了明确的越墙目的，但它仍然属于表演性质的动作。因为在按撑到墙檐后加了两个檐头撑身转体，720°的转体动作没有实际的解障意义，再之后它又接了一个更具表现形体动作的檐头前手翻来飞檐过越，这就更加使整套越障动作趋于杂耍风格。

第六节　综合技艺运用举例六

①面对清水墙面跑动，迈左脚踩蹬墙面，身体随之上起。（图15-34）

②提膝上右步向墙面实施第二步踩蹬。（图15-35）

③以右脚踩蹬墙面做支撑，扭转身形向二楼外廊道的挑檐飞扑。（图15-36）

图 15-34

图 15-35

图 15-36

④蹬离墙面，身体腾空扑出。（图 15-37）

⑤单手抓扣到檐头，紧抓檐头注意控制身体克服由于大惯性带来的荡动。（图 15-38）

图 15-37

图 15-38

⑥飞檐沿围栏上攀。（图 15-39）

⑦站在围栏外沿上，躬身下抓围护栏杆，以倒撑身式越过围栏。（图 15-40）

图 15-39

图 15-40

【点评】

在这套动作中将墙面两步踩纵、转体飞扑、檐头抓够、飞檐上攀围栏、倒撑越栏等技艺紧密地联系在一起，使动作快速有效地达到解障的目的。

由图中可看到有上至外廊道的楼梯，飞走者却弃之不用，而是采用这种方式上到二楼的外廊道上，这也就是飞檐走壁取无路为有路奇特的精神所在。在这套动作中值得一提的是，先开始背道而驰，之后通过墙面踩纵使身体获得一个高度，再以转体飞扑的形式折回，最终把握住了挑檐，使飞走者快速有效地到达外廊道的目的成为可能。

第七节　综合技艺运用举例七

①面对围墙下的高台跑动，迈步向高台跨踩。（图 15-41）

②踩蹬高台后提右脚向围墙实施跨踩，身体上纵后借势按撑墙头，飞檐而

上。（图15-42）

③上至围墙后向连接的房体跑动，利用踩纵和飞檐上翻房体。（图15-43）

④上至一层房顶后继续跑动，施展踩纵又迅速上至大房的天窗小屋之上。（图15-44～图15-46）

图15-41　　　　　　　　　　图15-42

图15-43

图15-44

图15-45

图15-46

⑤在天窗顶跑动至檐边向对面的二楼楼檐飞扑,最后上至二楼楼顶。(图15-47~图15-49)

⑥以挑檐蹲吊变撑檐飞檐技法最终上至二楼楼顶。(图15-50)

图 15-47

图 15-48

图 15-49

图 15-50

【点评】

在这套动作中,将高台踩纵、平墙踩纵、沿头跑动、飞檐、跨越飞扑、挑檐飞檐等技艺紧密联系在一起,使动作快速有效地达到解障的目的。

我们注意到,在这套动作中踩纵飞檐利用得比较多,它连续地克服了四个层次的高度障碍,最后又用跨越飞扑的形式把握住最后一个层次的高度,从而达到了由低到高的快速递进。虽然总体上看这套动作技艺比较单一重复,但它也不失为一种对飞走者动作协调能力的考验,这套动作为典型的逐层越进方式。

第八节　综合技艺运用举例八

①面对楼的墙柱跑动，迈左脚向墙柱面踩蹬。（图 15-51）
②踩蹬柱面上纵，再提膝上右步向窗的通台踩蹬。（图 15-52）
③踩蹬通台后展膝使身体上纵。（图 15-53）
④两手乘势抓扣到挑檐，两腿上提，身体呈蹲吊状。（图 15-54）

图 15-51

图 15-52

图 15-53

图 15-54

⑤蹲吊变撑檐。（图 15-55）
⑥施展飞檐技巧飞檐横身。（图 15-56）
⑦趴卧在挑檐上达到藏身的目的。（图 15-57）
⑧之后再寻机利用楼体墙柱上攀高楼。（图 15-58）

图 15-55

图 15-56

图 15-57

图 15-58

飞檐走壁——中国式跑酷

【点评】

在这套动作中,将墙面踩纵、凸台踩纵、飞檐、爬卧、藏伏、墙柱上攀等技艺紧密地联系在一起,使动作快速有效地达到了解障的目的。

我们可以将带有挑檐的一楼视为一个带有挑檐的平房,通过混合踩纵把握檐头,飞身藏伏于房顶,伺机再利用楼上的墙柱上攀,动静结合悄无声息地达到任意楼层。

第九节 综合技艺运用举例九

①面对矮墙跑动,迈左脚向墙面踩蹬。(图15-59)
②双手按撑墙头,以马步蹲身在墙头,目视对面的门窗。(图15-60)
③向门上的窗户飞扑。(图15-61)

图 15-59

图 15-60

图 15-61

第十五章 综合的攀爬过越

④两手抓握窗外钢筋护栏,两脚分开踩蹬门侧墙壁,目视上方檐头。(图15-62)

⑤两脚踩蹬墙面做支撑,身体瞬间伸展,双手向檐头抓够。(图15-63)

⑥抓够到檐头后,两腿随即上蹿蹲踩在墙壁上。(图15-64)

⑦蹲吊变撑身于檐头。(图15-65)

⑧飞身至一层房屋之上。(图15-66)

图15-62

图15-63

图15-64

图15-65

图15-66

⑨由房顶来到二楼连接处，用力拽扯避雷钢筋导线试探牢固安全性。（图15-67）

⑩利用避雷钢筋导线上攀高楼。（图15-68）

图15-67　　　　　　　　　　　图15-68

【点评】

在这套动作中，将墙面踩纵、马步蹲檐、飞扑、分腿踩蹬上纵、飞身抓檐、安全测试、绳索上攀等技艺紧密地联系在一起，使动作快速有效地达到了解障的目的。

这套一气呵成的动作值得一提的是飞扑抓够到窗护栏，定身在房门上后再踩蹬门侧墙飞身抓够房檐，由于双脚倾斜踩蹬在竖直的墙面上，所以附着墙的力度很小，瞬间纵身向上抓够确实需要精湛的技术，不然还没等展身抓够到檐头就会失足而下。还有就是利用楼房外侧的避雷钢筋导线上攀时的安全测试很重要，因为很多楼的避雷导线只是起到传导雷电的作用，并不考虑承重，所以一定要做好细致的检查，避雷导线很多高大的建筑都会用到，所以借用其上攀也比较实际广泛。

第十六章　雕虫小技

前面按照某种共同的特点归类了许多技艺形成章节，但仍有一些技艺无法找出一种比较合理的共性，本章将它们网罗在一起独成体系。

这些技艺虽杂，但各有巧用，万万不可小视，因此也只能将这些零星散杂的技艺归纳起来，给个名头也算归了正果，这也就成了这个无规无矩、散漫自由"雕虫小技"的来历。

第一节　金钩倒挂

①背门站于门头挑檐下，弹跳而起，两手反手抓扣檐头，两脚上举以倒卷身式上起，两脚以趾部搭于檐头。（图16-1）

②两手松离檐头，身体依靠两脚趾部钩挂力量倒垂身体，两臂抱于胸前静止不动。（图16-2）

图 16-1

图 16-2

金钩倒挂常被用于武侠小说中，描述会飞檐走壁的侠客，倒挂飞檐来观察房屋内的情况。但在现实中，中国古代宫殿楼阁建筑的屋顶呈坡面，檐头多琉璃，且光而滑，金钩倒挂并不实用。不过在某些特殊情况下，由于金钩倒挂的两臂朝下，飞走者可利用这一特点垂身抓够东西，因此，此技有独到的运用之处。除了将身体倒挂于挑檐檐头上训练两脚的钩挂力量外，也可将身体倒挂在墙头上，两手推击墙壁使处在下部的上体荡起，回荡墙壁后再展臂使身体荡起，周而复始在荡动中锻炼两脚对檐头的附着能力。

第二节　阳台围栏拐角倒蹲越

①倒退至阳台围栏拐角，两手抓握呈直角的两侧栏杆自然站立。（图16-3）

②两臂撑身，双脚蹬地紧并屈膝上收，做蹲状上收时身体稍向左侧围栏扭转使自己背对左侧围栏。（图16-4）

③两脚马上就要至横杆上时，右手松离，身体瞬时呈单臂撑蹲状。（图16-5）

图16-3

图16-4

图16-5

④两脚紧蹲以后倒方式越过围栏向阳台台沿下落,右手快速抓握左手所在的栏杆。(图16-6)

⑤两脚以趾部落于围栏外的阳台沿边上,两手抓握栏杆,身体呈自然站立姿势。(图16-7)

图16-6

图16-7

此动作不失为一种巧妙的越栏方式,它可以利用到影视的追逃打斗中。例如飞走者被逼至楼房阳台拐角处,飞走者可利用此动作迅速越栏。奇特的越栏怪招,设计了"置之死地而后生"的出路,使故事得以继续。

倒蹲越过阳台围栏后,也可以凌空跳楼来增强影视的惊险效果,也可以在围栏外连续其他动作与对手周旋较量,使飞走者时时处于坠落的危险之中,更会使观众处于惊心动魄之中。

第三节 开窗抓吊蹿身

①向墙体的装饰开窗跑动,跑至近前,并脚踏地跃起,身体向窗口斜射,伸两手臂向窗的上沿抓够。(图16-8)

②两手抓到窗上台沿后,在身体向窗口荡动的同时,两腿屈膝上收,身体呈紧蹲状纵至窗台上方。(图16-9)

③展膝向窗口蹬出,身体由窗以弧线形蹿出下落地面。(图16-10、图16-11)

图16-8

图16-9

图16-10

图16-11

开窗抓吊蹿身为一种洞穿过越障碍的方式，在实战中较为实用，在影视中也可"游戏"地表现出。

我们看图 16-12、图 16-13 飞走者将其巧妙地利用在反追逃中，飞走者面对追击跑入楼道，合理把握时间，由二楼楼道窗口蹿到楼门门头挑檐上，藏伏于窗下，待不知内情的追兵沿梯上楼后，再寻机跳落地面，达到脱逃之目的。

图 16-12

图 16-13

第四节　越栏反身蹿越

①左手正手抓握栏杆，右手反手抓握栏杆，身体自然站立于横架在空中的软梯上。（图 16-14）

②踏击软梯，两腿蜷膝沿左侧上纵，双脚快纵至栏头时左手松离，身体扭转越过栏杆。（图 16-15）

③伸左手抓握栏杆，身体经历了 180°的扭转后随之下坠，两脚借势展膝由杆与梯形成的中空向外蹬出。（图 16-16）

④两手松离栏杆，身体蹿过中空向地面落下。（图 16-17）

图 16-14

图 16-15

图 16-16

图 16-17

越栏反身蹲栏为一种栏杆的玩耍小技，它可训练飞走者身体的灵活性，它可用于影视表演中，穿插在打斗追逃中表现飞走者敏捷灵活的身手。为了使动作更具观赏性，也可蹲栏后再举腿上卷身，在杆上转一圈后再由杆与梯形成的中空向地面蹲下。

第五节　达摩坐桩

①面对石台跑动，迈左脚踩击石台表面使身体上起，右手臂借势按撑石台台沿。（图 16-18）

②利用踩蹬和臂撑的力量使身体继续上起；同时，两腿提膝上盘，以单臂做转动轴，使身体向右侧扭转。（图 16-19）

③两腿交叉盘起，身体扭转至石台上方呈盘坐状单臂撑住身体。（图 16-20）

图 16-18

图 16-19

图 16-20

④身体扭转180°后，屈肘沉臀盘腿打坐于石台上，抽掉右手臂平放于小腹前，左手单掌置于胸前，身体呈盘坐单掌施礼坐禅姿势。（图 16-21）

图 16-21

此动作带有明显的宗教色彩，所以用在影视中表现身怀绝技的和尚比较合适。先是动如灵猫，后又稳坐如钟，沉静似水，先动后静的强烈反差给人以功德无可限量的感觉。为了增强表演效果可以在 2 米多高的石柱上表演此技，改用两步踩纵来达到纵身的高度。

第六节　侧越背栏式

①右手抓握栏杆，侧向站立于廊道围栏旁。（图 16-22）
②以右臂做撑身，右、左两腿先后摆越过围栏杆。（图 16-23）
③身体越过栏杆后，以右脚跟落于围栏外沿，上左手向后抓握栏杆，身体背对围栏站立在栏外沿边上。（图 16-24）

侧越背栏式一般用于越过半人多高的楼房阳台围栏，它的特点是越过围栏后，飞走者背向阳台站于外栏沿边上，面对方与跳落方保持一致。这时可给自己暂顿的机会，供自己对下一步的动作有所选择、考虑、调整。

第十六章 雕虫小技

图 16-22

图 16-23

图 16-24

第七节　栏杆侧蹲越反身接中掏

①右手反手抓握栏杆，左手正手抓握栏杆自然站立于阳台的围栏前。（图 16-25）

②双腿顿足沿左侧扭转提膝上纵，双脚快纵至杆头时左手松离，身体以单臂抓撑栏杆蹲身越过栏杆。（图 16-26）

图 16-25

图 16-26

255

③下体上扬，身体继续扭转，伸左手向栏杆抓够。（图 16-27）
④左手抓握住栏杆，瞬时身体呈双臂撑杆紧蹲状。（图 16-28）
⑤两腿向两手臂形成的中空蹬出。（图 16-29）
⑥掏身于中空后，两腿落足于阳台上，身体自然站立。（图 16-30）

图 16-27

图 16-28

图 16-29

图 16-30

从两脚离地后，身体自始至终处于一种抓撑控制运动的状态，在这个过程中，飞走者经历了两次不同的越栏，扭转180°后又几乎回到了始发位置，栏杆侧蹲越反身接中掏属于栏杆杂耍小技，可以通过其练习达到灵活身法的作用，初步练习时注意在低处，小心动作失控后与栏杆发生碰撞导致跌落。

第八节　房体快速缓冲下法

①跑至房檐边转身180°使自己背对房檐，两脚与肩同宽踩踏于檐边，身体下蹲两手臂按撑在檐边上。（图16-31）

②以两手臂做支撑，两腿离檐下伸，最后身体呈檐头撑身姿势。（图16-32）

③两臂沉肘使身体下窜，两肘沉至檐边时，两手由按变抓扣控制身体稳健下蹿，在身体完成撑檐变吊檐后，右腿提膝，右脚上步蹬在墙面上。（图16-33）

图 16-31

图 16-32

图 16-33

④右腿蹬离，两手松离檐头，身体弹离墙面沿左侧扭转180°向地面跳落。（图16-34）

图16-34

房体快速缓冲下法有多种，这里例举的是一种应用较普遍的下法，一般单层房屋地面距离房顶的高度都在3米以上，如果采用直接跳落，两腿的承重将很大，所以此种房屋下法使得跳落的净高度大大降低，危险也就随之减少到最低程度，蹬击墙面使下落地面后的身体远离墙面，避免与墙体发生碰撞，转体180°后跳落地面，面对方向正好与奔袭方向一致。

因为图中所例举的房屋在现实生活中普遍存在，所以这一程式化的下法实用率相当高，以后从此种房屋下落到地面可直接套用此法。

第九节　二楼阳台快速缓冲下法

①右手反手抓握栏杆，左手正手抓握栏杆，面向外自然站立于二楼阳台围护栏内。（图16-35）

②突然屈膝再做展膝，两脚踏地而起，两腿展膝沿左侧扭转上纵，当两脚快纵至栏头高度时左手松离，随之身体扭转以单臂抓撑侧蹲越过围护栏，过越

后继续转身伸左手向栏杆抓够。(图 16-36)

③左手抓握到栏杆后身体随之下坠,下坠中快速向前伸右脚形成凸起撑抵在阳台外壁,控制荡落的身体速度进行缓冲,以免与阳台外壁发生碰撞。(图 16-37)

④身体呈半蹲半吊的姿势,右脚蹬击壁面,身体弹离楼体沿左侧扭转 180°向地面跳落。(图 16-38)

图 16-35

图 16-36

图 16-37

图 16-38

二楼阳台缓冲快速下法，是由阳台里利用抓撑栏杆跳跃防护栏，使身体呈抓吊状，以减小跳落地面的净高度来缓解由高到低对身体损伤的方式方法。

这一下法具有广泛的应用价值，例如面对迎面的庞大楼体，可直接由楼道奔至二楼房门，再从房内奔跑至阳台，再施展此法快速下落到地面，这就大大省去了绕楼的麻烦，使自己洞穿楼体快速破解障碍以利前行。

第十节 攀 杆

一、攀细杆

两手上下抓握细杆，两腿交叉紧盘细杆，使身体附着在细杆上。两手交替上抓，两腿随着交替上抓的节奏而上收，身体重复着拉直再紧收，紧收再拉直的动作形成上攀。（图16-39、图16-40）

图16-39

图16-40

二、圆杆上攀

①右手臂在上,左手臂在下,抓握圆杆;左脚在上,右脚在下以足弓凹陷处踩登在圆杆上。(图16-41)

②以处在上方的右手与左脚附着圆杆,用处在下方的左手与右脚向上抓够、踩蹬。(图16-42)

重复上述动作就形成了上攀圆杆的运动。

图16-41

图16-42

三、电线杆上攀

①左手与胸等高搭按在电线杆上,右手臂揽杆于胸前,身体与电线杆保持一脚的距离自然站立。(图16-43)

②两脚踏击地面,双腿随之提膝上纵。(图16-44)

③左腿屈膝外开,以足弓凹陷处迎合电线杆圆弧的外表,卡在电线杆上,另一腿屈膝以小腿及大腿内侧配合左脚紧夹电线杆。(图16-45)

图 16-43

图 16-44

图 16-45

④以两腿附着电线杆，起身上伸两手臂向上部按撑和揽抱。（图 16-46）

⑤两手臂分别用力附着电线杆，两腿上收，至此身体完成了一个在高度上的递进。（图 16-47）

⑥重复上述动作便可上攀高杆。（图 16-48）

图 16-46

图 16-47

图 16-48

以上列举了三种不同的攀杆方法,我们注意到杆的粗细不同,攀杆的技术要领也不尽相同,这也就是随着技艺载体的变动,技艺也要进一步调整,以适应客观条件需要的方式方法。

第十七章　影视飞走特技动作设计

飞檐走壁的功夫应用于影视表演，在第一章里就已经做过一些概述。本章将为飞走功更好地服务于影视而进行的动作设计提供指导。

第一节　技艺载体与技艺表现空间

飞走功技艺实质就是怎样使身体灵动的技艺，而身体的这种灵动必须由物体作为力量依靠，之后才是身体动作上的变化。我们说技艺载体不同，飞走者依据它所表现出的技艺也就不同，这种不同归根结底是由技艺载体的物体空间外型决定。

能够借助其外型、空间、框架结构等特点来表现飞走功技艺的一个或多个物体，我们称之为该技艺载体。例如：从一个高墙到一个低墙的跳跃，这个技艺就通过高墙与低墙之间的高度落差、水平间距、墙头的宽窄来表现它的技艺难度和动作特点，这个在一定空间位置存在的两面墙就构成了跳跃技艺的技艺载体。由以上可知，技艺载体不是一个物体的称谓，而是参与表现技艺的物体的称谓。

表演者可以利用一个物体表达多种技艺，例如：在第十四章，同一个围栏有10种不同的过越动作，而有时利用多个物体只能表达一个技艺。技艺表达的多少完全由独立物体的外型、结构和物体与物体之间的空间位置所决定，能够表现更多一些技艺的技艺载体，我们就说它的技艺容量大，一般来说一个相对独立的物体，它的外型结构越复杂，它占有的空间越大，它的技艺容载量也就越大，另外，技艺载体包含的相对独立物体越多，技艺容载量也就越大。

在一个有很多物体组成的空间里，可以有多个技艺载体，这些技艺载体的区分是以某种技艺通过连贯的动作将物体有机串连在一起的，技艺容载量的总和我们称之为这个空间里的总技艺容载量。

第十七章 影视飞走特技动作设计

技艺载体可谓形式多样,有固定并保持一定形状的,例如一道铁围栏;有运动的,例如奔驰的列车;有随动的,例如水上漂浮的汽油桶;有随力变型的,例如气垫、弹床等等。

既然灵动的动作离不开给予力量支持的物体,那么在影视中纷繁的动作设计自然与作为物体基础的技艺载体密不可分,由此出现了以下三种不同的动作设计:一、根据技艺载体去设计动作;二、根据设计好的动作去设计技艺载体;三、动作设计与技艺载体相结合。

影视中利用社会生活中存在的物体,保持它的空间位置、外观造型、存在形式等本来面目,据此进行动作设计拍摄,这样的动作设计为根据技艺载体去设计动作,这里的技艺载体称之为自然技艺载体。由于自然技艺载体是自然存在的,所以它有明确的功能、用途及存在的意义,这些能给人以真实感,在此基础上设计的动作也更加自然、更加合理。但不足的是,由于物体取自自然,所以固定不变的技艺载体在很大程度上限制了动作的设计,不过在这种情况下更能反映从一个动作设计者的临场发挥和高度创意能力。

动作设计得先构思出动作,再根据动作的特点去建造表现它的技艺载体,这就是根据设计好的动作去设计技艺载体的动作设计。这里建造出的技艺载体成为全制式技艺载体,由于技艺载体是全部根据动作所建造的,所以动作设计比较自由化,设计出的动作都极具艺术化、理想化,动作更加完美、巧妙、随意。

在拍摄中利用社会生活中存在的物体,在它的空间位置、外观造型、存在形式的基础上进行保留和修改,使改制的物体外形特点更能充分表现动作,这就是动作设计与技艺载体相结合的动作设计方法。这里改造出的技艺载体,我们称为半自然技艺载体,由于半自然技艺载体打破了物体自然的存在形式,所以不真实感往往流露在半自然技艺载体的外型形态上,有些多出的部分或少去的部分很难让人理解。就物体本身而言,也难于自圆其说,难于解释它的存在依据,更有甚者与整个空间都极不协调,所以在此情况下产生出来的动作那种视觉效果自然是不够理想,因此半自然技艺载体的设计是这类动作设计的一个难点。

飞檐走壁技艺表现为灵动,灵动有它特有的灵动空间,灵动的动作与技艺载体所占据的空间,我们称为技艺表现空间。技艺表现空间是一个相对的空间,空间有较封闭的内部空间,例如房间内、市场中、船舱里;有开阔的外部

空间，例如街道、码头、停车场、货运场，这些空间的全部或部分往往就是技艺表现的空间。在构制半自然技艺载体和全制式技艺载体时，要注意技艺表现空间的合理性和与周围空间的协调性。

狭小的空间更能表现出短兵相接、近战巧战的快速应变特点，在影视中我们常常可以看到，一个并不很大的房间里，一组沙发、几把木椅、书架、茶几，室内的陈设都被影视中的人有机地利用成了技艺载体。由于受空间限制所以设计动作时要使动作更加精致小巧，游刃有余于狭小空间。倾倒的书架、飞起的木椅、争斗的破坏性在不断变化着屋内陈设的布局。动作设计者可以利用这一点来弥补技艺容量不足的缺陷。

就打斗而言，一般技艺表现空间比较固定，在这个固定的技艺表现空间里，飞走技艺一般为打斗人解决位置上的转换，身体的移动，使之迅速躲闪腾移，便于搏击。把一个大型仓库作为角逐场，从地面设备的利用到高高堆起的货物的利用，再到仓顶纵横交错的钢架、钢梁、吊车轨道的利用，在这个固定的表现空间里，技艺尽可能地在上、中、下三个空间都得到全面的施展，使打斗更惊险、紧凑，设计的动作更富有立体、层次、空间变换特色。选取技艺容载总量大的空间作为技艺表现空间，会给动作设计者提供一个技艺载体更丰富多样的理想空间，而在固定的空间里用心于空间内的空间，会提高技艺载体的利用率。

制造矛盾是大打出手的前提。而酒吧、舞厅这些人员拥挤、混杂的公共娱乐场所更便于编导们制造矛盾，这也就是矛盾始发现场，这样的地方由于它技艺容载量较小，并不适合于矛盾的深入化，所以常常通过追逐来完成空间的转换，使镜头定格在那些容载总量大的技艺表现空间内。

追逐空间就是由一逃一追形成的路线式展开的狭长空间，这里的飞走技艺一般为影视中人解决速进速退、越障攀高等难题，在追逐过程中也安排一些短打作为这个狭长路线上的点式技艺表现空间。

第二节 飞走动作设计理念

飞檐走壁的功夫在实际应用中与表演化的影视动作是有所不同的，一个以安全、快速解决障碍难题为主，使之付出的努力更符合实情，而另一个则更讲

第十七章 影视飞走特技动作设计

求飞走动作的惊险与美观，使之更符合剧情的需要。

运用功夫表演和利用影视特技效果去表现身轻如燕、灵如猿猴的功夫是两个截然不同的概念，前者必须具有坚实的真功夫，而后者则并不注重于影视中所表现技能的真实性，不过他们的目的是一样的，那就是让具有强烈动感的画面去感染观众，来宣扬影视中人身手不凡的功夫。在这里我们不去对如何利用特技效果使飞走功更神乎其神地表现在影视中而大伤脑筋，因为观众有时竟比编导们更加成熟，雪亮的眼睛对影视中可以假乱真的电脑特技动作付之一笑，值得评头论足的还是那些真打实摔，真攀实越的东西，作为影视人的演员不容易，用血汗为观众负责，观众自然卖座叫好。

我们所从事的工作就是用手头上确确实实拥有的功夫去设计，使它既真实，又更适合于影视特点的需要；既要保证功夫为影视中人提供便利，又要考虑影视特性所决定了的必要观赏性。

动作是一种形态语言，它表达的不仅仅是动作本身，所以设计动作不能仅从动作质量出发，只要求动作自然流畅、和谐完美就够了，动作设计要从影视中人的时代背景、立身处事、社会意识、人物性格、心理等多方面去考虑，可以说设计动作也是刻画人物的一个组成部分。因此，要力求语言、情态、动作高度统一，塑造的人物才更加鲜明。例如在表现一个身怀绝技、大大咧咧的要饭花子时，设计的动作不但要动中有嬉，嬉中有动，还要在高技巧动作中略带卖弄，时而无拘无束、尽显自然，时而胸有成竹、自取险境；再如，在表现一个性格怪异独来独往的神秘怪侠，设计的动作要力求干净、利落、精湛，动作要高度个性化，使清高不可一世的独立人格得以体现，动作后果要更加莫测与残酷。

飞走动作要按故事情节、剧情发展来设计，一般来说影视中人不凡的功夫多在一逃一追、暗中潜入、打斗搏击、跳跃躲闪间显露身手，这也是动作片的动作表现形式，往往在戏耍恶斗的生死抗争中使故事达到一个新的高潮。

没有无缘无故的爱，也没有无缘无故的恨，每一个动作也是一样，动作设计也遵循这种因果关系。例如影视中一前一后在逃在追，形势的急迫，这就给快速翻越迎面高墙的动作提供了原因。在一对一的抗争中，甲出招攻击乙，乙的快速移动躲闪动作就是甲动作的必然结果，甲攻击动作就是乙移动躲闪动作的原因。如果先制定出一套动作，那就必须要给这套动作设计出一个很恰当的解释动作，使之合理化，使之动有所因。由此设计出一套动作还不算完，还要找到动之因，这也就是设计动作复杂化了的一个原因。很多粗制滥造的影片，多人混战中，有的人还没有对打，自己做样子就倒下了，让人看的莫名其妙。

飞走功的动作按照它不同的特点，将它分为四种类型，影视动作设计者可按照需要达到的不同效果去选择类型，去设计适合于该影视氛围的动作。

第一类为技巧性动作。动作有很高的技巧性，具有一定的难度，所以一般要求演员要有很好的功夫。这类动作对形体动作上的要求比较高，要么不易表达，要么或简或繁。简的动作，动作时间短，技艺单一，标准高；繁的动作，动作时间长，由多种技艺构成组合动作，要求有很好的协调性、动作转换灵活性和衔接能力，并有良好的动作记忆，确保动作的连续性。技巧性动作一般用作表现影视中人不凡的身手。

第二类为危险性动作。动作有很高的危险性，动作演员要时时受到各种伤害的威胁，这种威胁常常表现在时间差、高度落差、速度差上，往往危险就伴随着动作的毫厘偏差而一触即发，有时动作本身就是一个残酷的自伤性动作，所以这类动作危险系数高，这对动作者的心理承受能力有鲜明的挑战。危险性动作在影视中能表达惊险效果，同时它也在一定程度上表达了动作演员的勇敢、敬业精神。

第三类为智慧型动作。这类动作一般着重为影视中人设计便行的方式方法，着重表现影视中人解决障碍的不凡智慧。例如在一影片中，一辆满载人质的大客车内安放了炸弹，它只要低于某时速炸弹就会自动引爆，在解救人质时，救援的大客车与之同步急驶，在门与门间搭了一个木板做转运人质的通道，这实际就是在特种部队训练中例行转乘手法，用在影视中使观众为影视中人的高招拍手叫绝。

第四类为混合性动作。带有技巧性动作、智慧性动作中的两种或全部特点的动作，我们称之为混合性动作。例如在成龙主演的《我是谁》一片中，成龙被追杀至一高大建筑边缘，面对后有追杀，前进则粉身碎骨，但见他急中生智，随手将一长绳缠绕在身上，横身随绳的自解缓冲翻滚而下，这个动作就是一个典型的混合性动作，它占据了巧、奇、险等特点。

设计动作有多种设计手法，下面列举六种设计模式以供参考：

①腹稿设计：结合实际动作经验，运用高度抽象思维、想象能力在大脑中完成技艺载体及相应动作的构思，据此制作出技艺载体的实物，并完成脑海中深思熟虑所形成的动作。

②书面叙述设计：以书面语言表达形式，表述对技艺载体的空间位置、外形构造的具体要求，并细致入微地对动作进行描述。

③绘图设计：以绘图形式在稿纸上逐步完成技艺载体及动作的设计。

④电脑设计：通过荧屏可动的画面，以各种视角操作荧屏假定人进行形体动作，可更直观、更科学地设计动作。

⑤模型模拟设计：技艺载体以及动作者都为制作的模型，通过模型来模拟设计出可行的动作。

⑥体验设计：根据存在的技艺载体，进行实际动作探索，编排、琢磨出满意的动作。

设计者可根据现有各方条件来选择适合自己的设计方式，不管是哪种设计，设计理论要符合人体运动能力，使设计动作能够在客观努力下得到实现，设计要更清晰、明了、准确、直观，表达出设计思路，使设计越发接近或达到实际操作。

第十八章 军警的障碍设置与训练

第一节 障碍设置

飞走功是以物借力,以力引身纵行的功夫。飞檐走壁一词中的"檐"与"壁"就是借力的物。飞檐走壁蹿房越脊,如果没有了墙壁,没有了屋檐,没有了房脊这些实物,那飞走者也就无从飞身纵行了,因此我们必须明白,是先有了障碍的物体,后才有克服障碍的行动,可见存在障碍的物体是人解障行为的原由。

在军警越碍速行训练中,必须要针对性地设置障碍,以供学员学习到克服障碍的方法和技能。障碍是由实物形成的,不同的实物,它所表现的障碍特色也就不同,因此怎样设计出障碍,而人又怎样通过训练可以客观实际地解决这种障碍,怎样在越障前行的道路上更合理、更科学地排布各色特点的障碍,这些都非常重要,因为这都直接影响着训练和实际应用的效果。

学员在克服障碍的动作中要与障碍物发生力的关系,而且训练又具有很强的反复性,所以供训练设置的障碍物必须坚固耐用,在经常手抓脚蹬借助移动的建筑局部要更加侧重使其具有高强度的负重能力,以防断裂、脱落、倒塌而突然丧失支撑、附着的功能,导致训练者发生意外。侧重的建筑局部有拉在空中的钢索、楼壁上的防火梯和雨漏等。阳台的栏杆、门头、遮雨篷,窗外的装饰通沿、窗扇,这些频频利用到的部分都要重点加固。

在高处克服水平间距的飞身纵跃和沿壁上攀,这些具有跌落危险的地段下方,可设置成松软的沙地或水池,以利缓冲保护,例如:图18-1中的沟谷荡越,将荡越具有跌落危险的下方布设为水域,越荡后高势落体的对岸设置成沙地。再如图18-4中的拉绳上攀斜壁,拉绳上攀具有滑落危险的斜壁下布设为沙地。在高的上攀建筑中要预留有供体力消耗过大、虚脱抽筋等活动能力骤然降低的安全线路。

第十八章 军警的障碍设置与训练

障碍的设置可参考地方建筑特色进行建设，这样训练出的越障技能具有很强的现实使用性。在突发事件发生后，可大大有利于出警，使各警种能够在很大程度上得心应手地克服因城市建筑密集对行动的制约，以便快速担负起各自的职责。

军和警的障碍设置形式上相对有所不同，警主要职责为维护公共安全，所以它的训练应以人为的社会化建筑障碍为主，而军主要职责为维护主权，与外敌抗争，它的训练应以高山流水式的自然险阻为克服对象。但随着政治、文化、经济城市化的高度集中，占领城市尤为重要，所以军队在现代战争中城建障碍破解也应有所加强。

障碍的设置有两种方式，一种按现实中存在的建筑设置，一种按想象设计来设置。按现实去设置的障碍基本上就是将社会中的建筑进行有选择地照搬，这样训练出来的技能有很大的实战意义；按想象设计来设置，比如将本应平整的墙面处理得凹凸不平，这类设置由于它在设计时考虑针对一定的训练内容，所以它能按预想的设计要求来加强飞走者局部肢体的基本活动能力和专项攀升过越的技能。

图 18-1~图 18-4 就属于按想象设计出的障碍设置。

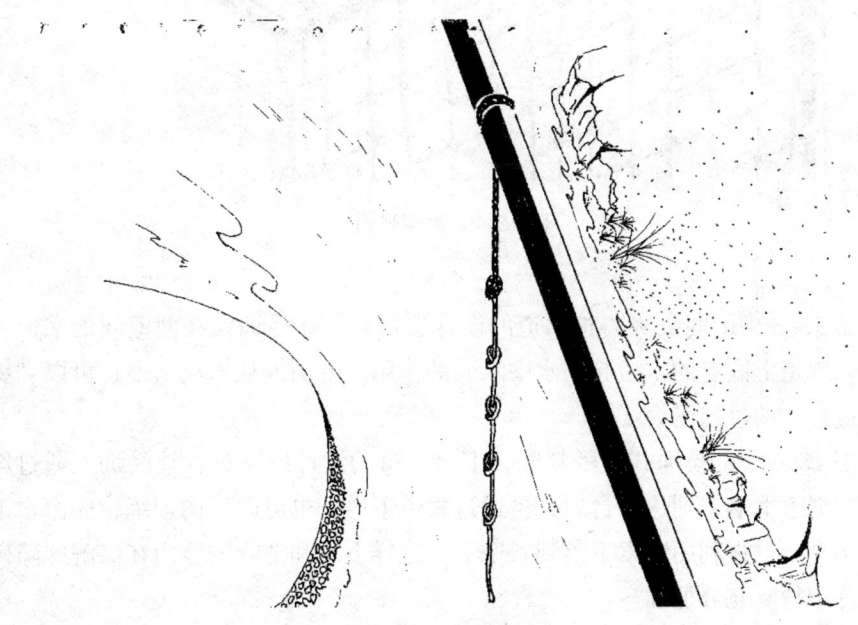

图 18-1　沟谷荡越

图 18-1 中的沟谷荡越设计思路是：让受训人通过空中垂吊的一根绳索，由一处高台向水沟对岸的沙地荡越。荡越为一种过越跨度障碍的有效手段，荡越技能在此障碍设置上得到加强。

图 18-2 中高架攀网设计思路是：让受训人上攀用绳索交织的网，在攀网上的行走会更为不易。在软质的攀附物上移动的能力在此障碍设置上得到加强。

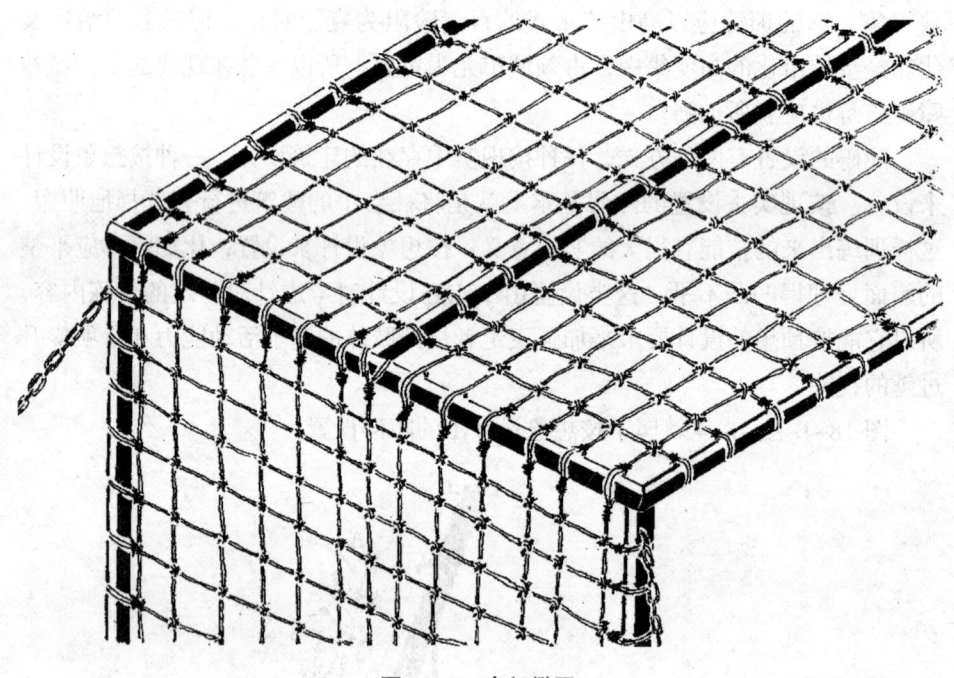

图 18-2　高架攀网

图 18-3 中的间隔障碍板水道的设计思路是：让受训人在两壁间的水道中前行，水道上固定的木板起到水中障碍的作用。受训人从木板上通过可以训练泅水过程中的过越能力。

图 18-4 中的拉绳式上攀斜壁，下滑索道的设计思路是：让受训人通过斜壁上的绳索上攀，到达高台后，再通过索道下滑，也可以反向训练，先由索道上攀至高台，再利用绳索下落到斜壁下。这样上攀和滑降的能力在破解此障碍的训练中得到充分加强。

军警训练的解障训练场建设基本有大、中、小三种规模。

第十八章 军警的障碍设置与训练

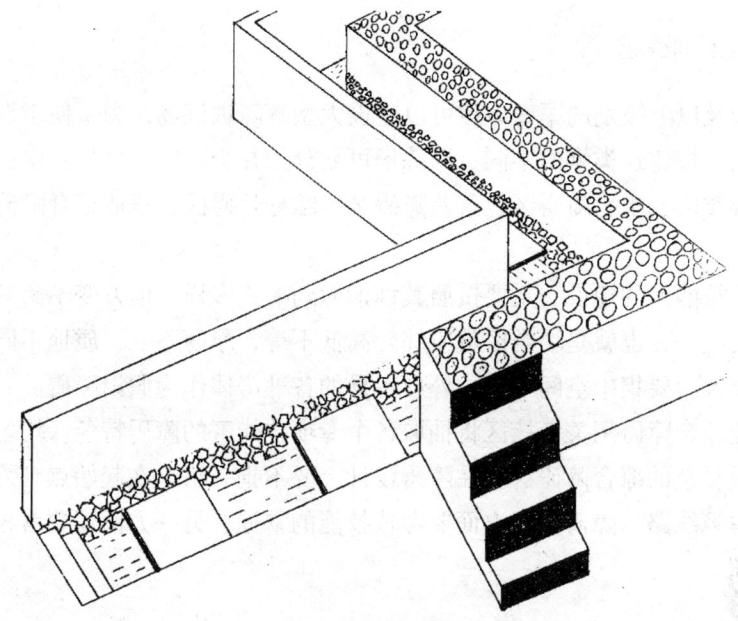

图 18-3 水道间隔障碍板

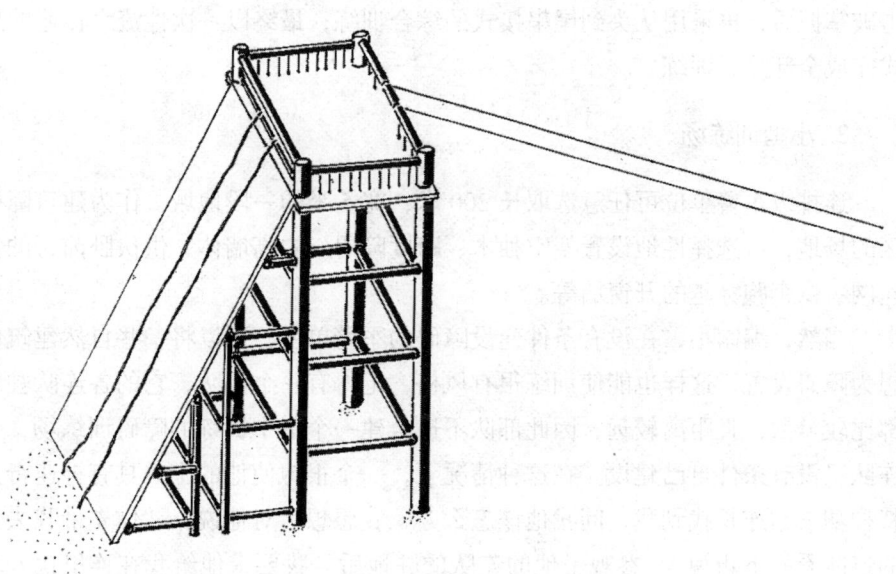

图 18-4 拉绳式上攀斜壁（下滑索道）

1. 大型训练场

师级及以上级别的军警单位可以建设大型解障训练场,为了便于训练专项解障技艺,按建筑类型的不同,训练场可划分为几个小区,例如:墙类区、房类区、楼类区、水平障碍区、落差障碍区、综合障碍区、毕业综合障碍闯关考核区等。

专项技能区的建设一定要按照其称谓做到形式多样,但万变不离其宗,特色一定要统一,也就是墙类区就应综合高低不等,厚薄不一,质地不同的各类墙;房类区就要集中空间不同,外形各异的各种房体作为假设障碍。

毕业综合障碍闯关考核区将抽取各个专项技能区的障碍特色,均匀分布重组,构成复杂的综合障碍群。在障碍设计上要不拘一格,在起始点到终点间要有多种解障线路。障碍群一方面要考核技能的掌握,另一方面还要考核解障的机智性。

2. 中型的训练场

团以上师以下的军警单位可在一定场地上建设类似于大型训练场中的毕业综合障碍闯关区。开始的初级训练可针对每个相对独立的障碍进行,等到各个击破掌握后,再采用从头到尾串接式的综合训练,最终以一次性流水作业的形式完成全部障碍训练。

3. 小型训练场

连排级军警单位可任意选取长200米,宽5米的一段地域,作为建筑障碍区的场地,可选择性地设置架空独木、跨度障碍、中高墙体、供伏卧前行的铁丝网、供奔跑穿越的开窗墙等。

当然,编制小,在没有条件建设障碍的军警单位,可以将一些自然建筑假想为障碍设置,这样也能使训练很有风格。记得有一个部队,它的各连队驻地都比较分散,且距离较远,因此部队不适合建一个集中训练的障碍训练场,各连队又没有条件自己建设。在这种情况下,一个很想使他的士兵具有神速奇兵特种功夫的连长找到我,问我他该怎么办,我想想后对他说:"你先带我去你的连队看一下再说。"参观了他的连队的驻地后,我要求他给我在连里挑6名训练有素的战士,我将连队里的住房、车库、办公小楼、食堂、厨房、教室等

或连或依、错落有致的建筑看成障碍设置，按其特点设计了将近 20 余种解障技能教授给这 6 名战士，让这 6 名战士在苦练掌握后，再普及给全连队的战士。后来训练事实说明，这种视部队现有建筑为障碍的教学方法效果十分显著，喜形于色的连长在外连人面前风趣地拍着胸脯说："光我的训练障碍设置就值好几十万。"

第二节　军警训练

一、训练类型

按照训练的场所，将飞走训练分为封闭式训练和开放式训练。一般将在军警训练场内进行的训练称为封闭式训练，将走入社会自然环境中的训练称为开放式训练。

由于训练场中的障碍已经过精心设计和安排，所以封闭式训练更具有选择性，更具体、更集中、更符合训练计划。但由于属于硬件的障碍体，一旦设置都将保持固定不变的模式，所以训练相对更程式化，自然其面孔也就要呆板得多。

由于自然环境的多样化，开放式训练可以在自然中任意选取载体作为假想的障碍。训练也就变得更丰富、更客观、更合理，这较为宽广的天然优越性是限定了训练内容的训练场无法比拟的，但不好的是障碍体不集中，另外走入社会的训练由于面临各方面的广泛接触，势必会给训练带来诸多不便。

军警的训练有汇报表演型训练和实用型训练之分。

表演型的训练一般训练以满足表演需要为目的，有单人表演和多人表演两种。单人解障表演要求表演者动作连贯、舒展、美观；多人表演要求表演者们干练麻利高度协作、高度和谐、动作统一。总之表演型训练以表现军魂为主题，力图向世人展示军警不凡的风采。

实用型训练主要以技能的现实使用价值为导向，训练内容突出解障的快速性、准确性、实用性、隐蔽性。实用型训练为打击敌人和维护公共安全而坚持学习特殊技能的主要方式。

军警解障训练按学习时间分为短期训练和长期训练。短期训练主要以掌握基本解障技能为主，主要学习一些常用且带有普遍意义的解障方法和要领，一般在中小型训练场中的训练为短期训练。长期训练学习的解障技巧比较广泛，要求训练具有专业性，一般在大型训练场中进行，长期训练的学员应该是在很大时间跨度上有随时担负战斗任务的军警或为基层连队训练培养、输送的专业解障教官。

军警训练按需要可分为日常训练和战前训练。按照惯例训练计划下的训练都为日常训练，一般在规范的训练场中进行。按作战需要而临时做出的训练计划为战前模拟训练，这类训练一般按作战任务、特点和根据战前推测或侦察而模拟搭建实物进行有针对性的训练。

二、军事训练

根据部队作战任务、性质、特点的不同，可将训练分为常规部队突越攀爬训练和特种部队突越攀爬训练。

1. 常规作战部队的训练

常规的正面作战部队担负着正面迎敌，向前进攻推进，突破敌军防线的军事任务，这需要加强士兵的攀爬突越训练，在种种崎岖不平的地面上负重奔跑，并跨越宽大的壕沟、掌握平衡顺利通过颠簸不平的临时搭建的浮桥、迅速翻越具有一定高度的障碍物。在装甲坦克掩护下向前的推进中随时跳车、任意搭乘，这些都需要人员具有一定的攀爬纵跃技能。在近距离地形复杂的城市战斗中窜上跳下，机动灵活地利用城市各种建筑展开巷战，飞走功更能游刃有余地得到发挥。

常规部队的训练内容主要包括：
①负重长距离奔袭。
②架空窄长平衡木上奔跑。
③小型障碍物及一般沟道跨越。
④针对行驶车辆的跳车和搭乘。
⑤两米左右障碍墙体的翻越。
⑥在齐胸深的水中举物前行。

⑦攀爬高5米左右小口径的圆柱。
⑧四层楼房防火梯的上攀。
⑨悬垂和有依托墙壁下的沿绳上攀。
⑩山体的翻越。

2. 特种部队的训练

特种部队是独立执行特殊作战任务的部队，它的特殊作战任务包括执行宣传、搜索、侦察、恐怖、暗杀、骚扰、突袭要害目标、破坏各种设施、强占战略要地、解救被困、被俘人员等。由于执行任务的特殊性，它的编制一般都很小，在军事行动中经常以小组及小分队出现，表现出精、奇、快、猛等特点。队员来源于各兵种选拔出的精英，在行动中每个人根据自己的特长担任不同的任务，他们主要担负狙击、爆破、侦察、搏击、机械、测绘等任务。在作战中他们都能英勇异常，常以速战速决的方式完成任务。

如英国"哥曼德"特战队，在1942年2月成功地空降突袭了佛瑞亚雷达站，强行运走德国新型的任兹伯格雷达，从而解开了德国新型雷达之谜，使其在以后的战争中受益匪浅。再如纳粹德国的魔鬼部队突降大萨索，突袭康因特旅馆，成功地救出了大独裁者墨索里尼，让盟军大感震惊。

特种部队正是凭借这种超凡的技能才能使他们战功卓著。在多项训练科目中最使人叫绝的当数飞檐走壁、穿房越脊的功夫。在第二次世界大战中此功夫得到了实际的应用，使特种部队在行动中如虎添翼、神出鬼没，出色地完成了任务。1943年2月中旬的一天午夜，一架英军远程轰炸机载着6名身兼特殊使命的"哥曼德"特战突击队员升空向远方飞去。他们在距诺尔克斯30公里处跳伞了，降落在坚冰如石的斯库利凯湖上。然后长途越野、攀援绝壁，穿越了冰雪封闭的原始森林，利用特制的工具攀上了高达300米的拦路冰墙，到达目的地和当地的地下工作者接头，经过短暂的休整后，便冒充德军混入工厂，驾车来到地道口，猝不及防地将守卫击毙并进入通道来到了重水提炼车间，又短兵相接地将四名德军监护拔掉，快速安放定时炸弹后迅速撤离地道，驾着汽车准备冲出厂区时，发现德军已将工厂各个出口封锁，车也成了众弹的焦点。于是他们逃离了汽车，闪到了一座二层小楼房的北入口，敌人蜂拥而至，他们边战边撤。到了二楼，敌人又按下了二楼火爆器，二楼顿时一片火海，队员们又从火海中蹿出，由二楼阳台飞扑到对面的楼房上，即而又跳纵到另一座楼

顶。后有追兵，前楼有堵截，杀前顾后，跳纵急奔，他们终于来到了第六座楼房。队员们望了望地形，看到了脱身的机会，他们从楼顶跳落到高大的围墙上，继而又跳落到了地面，随着定时炸弹的爆炸声，他们闪入了藏身的夜幕中。

飞檐走壁应用于特种训练来提高实战能力是无可非议的，它的功效主要突出在三个方面：一是在行动中有力地克服建筑和自然物体的障碍，从而使队员的活动空间范围得到扩大；二是在行动中使队员能够在特殊复杂的地形中能够进退自如，灵活机动；三是利用建筑设施进行有效的掩护、隐蔽、搏杀。

飞檐走壁的训练必须以战术策略为依据，如军事中的实地侦察，一般都采用敌明我暗、神不知鬼不觉地深入敌区进行侦查，所以应加强黑暗中技能的训练。再如突袭，怎样最快、直接到达敌人心脏部位而达到一针见血的目的，而高大的建筑，险峻的地形，加上通道上遍布的岗哨，可谓固若金汤的环境中，取无路于有路的突越攀爬绝技就显得必不可少了，这种突越攀爬绝技可以充分利用物体的高度和物体之间的跨度来做文章，利用高大的障碍、复杂的地形与敌人周旋，从而摆脱敌人或增大敌我双方的追逃距离。

总之特种部队飞檐走壁训练的内容很多，对于每个队员来说，不管是外部标准的形体动作或是内在百里挑一的冒险精神，在这里都要经受一次全新的挑战。

基本训练项目有：

①攀爬粗细不一竖立的圆柱或圆杆，辅助做破坏线路、盗听、接线的练习。

②在高空做走索练习，培养心理素质与平衡技巧。

③在悬停或飞动的直升机练习软梯攀爬。

④在竖直的墙面上练习踩纵跳跃。

⑤用不同手段攀爬外形千变万化的高楼建筑。利用绳索练习飞身下滑技术及练习飞身破窗而入等技法。

⑥在由平板、油罐、闷罐、敞篷等车节穿插组成的行驶列车上，从头到尾，由尾到头的奔跑、跳跃训练。

⑦训练强行搭乘和跳车的技法，在有一定间距正在行驶的两车间做转乘训练。

⑧在大跨度、大落差的建筑间做高空跳落和飞扑抓吊训练。

⑨进行山地徒手攀岩，利用特制工具攀爬冰壁练习。

⑩利用踩纵提升和越脊的多种技法,在 3 秒钟以内,过越或翻上 4 米以下高低不等的墙体和房屋。

三、警事训练

由于现代社会发展的需要,我国分类建设了多个维护公共安全的警种,根据它们各自担负任务的特点,在飞走方面的训练分为:刑警、武警、特警的训练和消防警训练。

1. 刑警、武警、特警的训练

在刑事侦查中是为搜集证据抓捕犯罪分子而实施的突越攀爬技能主要有两个方面:

一方面是刑事跟踪。刑事跟踪既不能打草惊蛇又要保证跟踪对象不脱离监视范围,所以在跟踪中攀越藏伏的技能就显得尤为重要了。侦查员可根据客观环境和判断嫌疑犯的意向来断定犯罪人所行路线,运用攀爬藏伏的技艺,使自己得到很好的隐藏保护,又能处在更理想的跟踪位置。

第二个方面是刑事秘密搜查。在刑事秘密搜查中,正常的路线不便隐藏,而突越攀爬的技能却能使侦查员神不知鬼不觉地将任务完成。

总之在侦查追捕、围捕等执法行动中突越攀爬技能都是不可或缺的必备技能,平时加强这方面的技能训练,对于顺利完成各种执法任务起到了强有力的保障。

2. 消防警的训练

飞檐走壁用于消防主要是针对建筑环境中的灭火救护来讲的,因此消防战士有他独有的一套过越攀爬的训练。消防过越攀爬的任务目的,决定了过越攀爬形式上的选择主要要考虑火势发展和火场内部存在的倒塌及爆炸隐患,怎样合理地保障自身及被抢救人员及财物的安全,怎样解决控制灭火的现实意义等,所以消防的任务目的也就决定了人员在过越攀爬技能训练上要讲求广博择取的高标准。

攀爬过越技能在消防训练中,基本分为:

①背负"伤员"上下楼梯奔跑,转移"伤员"的训练。

②迅速登攀多级云梯，进行抢救及灭火工作。

③将水带抛上前面的屋顶，警员随即攀上。这种克服障碍，使高压水枪更占据理想位置的训练在高低不等的复杂障碍群中进行。

④背负绳索等特种攀爬救护工具，通过攀爬防火梯到达高楼顶，然后下降到达任一楼窗、阳台、外走廊的训练。

⑤采取单人徒手、多人组合、运用搭梯、扣绳等特种工具，多形式、多技能完成各种负重上攀，完成进入任一建筑空间的训练。

⑥利用窗户、阳台、外廊、挑赡、高台等建筑，通过地面、楼顶警员的协调配合，利用上升下降横移的工具将"伤员"从空间转移训练等。

图书在版编目(CIP)数据

飞檐走壁：中国式跑酷 / 葛强著. -北京：人民体育出版社，2015

ISBN 978-7-5009-4783-7

Ⅰ.①飞… Ⅱ.①葛… Ⅲ.①健身运动-基本知识 Ⅳ.①G883

中国版本图书馆 CIP 数据核字（2015）第 025427 号

*

人民体育出版社出版发行
三河兴达印务有限公司印刷
新 华 书 店 经 销

*

787×960 16开本 18.5印张 302千字
2015年6月第1版 2015年6月第1次印刷
印数：1—5,000 册

*

ISBN 978-7-5009-4783-7
定价：40.00 元

社址：北京市东城区体育馆路8号（天坛公园东门）
电话：67151482（发行部） 邮编：100061
传真：67151483 邮购：67118491
网址：www.sportspublish.com
（购买本社图书，如遇有缺损页可与邮购部联系）